Vorher & Nachher

Eyal Weizman & Ines Weizman

Vorher & Nachher

Die Architektur der Katastrophe

Aus dem Englischen von
Marie Glassl

DIAPHANES

Titel der Originalausgabe:
Before and After

ISBN 978-3-0358-0655-7

Satz und Layout: 2edit, Zürich
Druck: Steinmeier, Deiningen

www.diaphanes.net

Inhalt

Abb. 1&2: Kurt Schaarschuch, Dresden, Sicht auf die Frauenkirche vor und nach ihrer Zerstörung, 13 & 14. Februar 1945.

Geschichte wird heute zunehmend als eine Abfolge von Katastrophen präsentiert, deren gängigste Darstellungsform das Vorher-Nachher-Bild ist: Eine Gegenüberstellung zweier Fotografien des gleichen Ortes zu unterschiedlichen Zeiten; vor und nach dem Einbruch des Ereignisses. Gebäude, die im Vorher-Foto noch intakt waren, finden wir im Nachher-Bild zerstört. Viertel, die im einen vor Leben wimmeln, liegen im anderen in Trümmern oder unter fauligen Wassermassen begraben. Gerodete Wälder, kontaminierte Landstriche, schmelzende Eisberge oder ausgetrocknete Flüsse werden in Bildpaaren sichtbar, die die Folgen von Raubbau, Krieg, Klimawandel oder Ausbeutung aufzeigen. Es scheint, als könnte jede heute aufgenommene Fotografie zum »Vorher« eines verheerenden »Nachher« werden.

Vorher-Nachher-Fotografien zeigen dabei nicht einen langsamen und andauernden Transformationsprozess, sondern vielmehr plötzliche und radikale Veränderungen. Versuche, die zwischen zwei zeitlichen Momenten liegenden Ereignisse forensisch zu rekonstruieren, bringen komplexe Interpretationsverfahren mit sich, die das Vorher-Nachher-Bild mit anderen Beweismitteln in Beziehung setzen. Meistens jedoch werden Vorher-Nachher-Bilder verwendet, um eine direkte Kausalität zwischen einer bestimmten Handlung und deren eindeutiger Folge herzustellen. Was in Vorher-Nachher-Fotografien fehlt, ist das Ereignis selbst – ganz gleich, ob es natürlich, menschengemacht oder eine Verbindung aus beidem ist. Das Ereignis ist ausschließlich in der Veränderung des Raumes festgehalten, weshalb seine Untersuchung eine architektonische Analyse erfordert. Eine solche räumliche Betrachtung versucht die Lücke zwischen den Bildern mittels einer Erzählung zu füllen – doch diese ist weder einfach noch eindeutig.

Die Geschichte des Vorher-Nachher-Bildes ist so alt wie die Geschichte der Fotografie selbst; sie entstammt den begrenzten Möglichkeiten ihrer Anfänge. Die

Belichtungszeit einer Fotografie machte es Mitte des 19. Jahrhunderts unmöglich, bewegte Körper oder plötzliche Ereignisse zu erfassen. So blieben Menschen im Bild meist unsichtbar, während Gebäude oder andere Elemente des urbanen Gefüges festgehalten werden konnten. Um ein Ereignis einzufangen, waren stets zwei Aufnahmen nötig. Das machte die fotografische Technik zur Darstellung der Folgen urbaner Konflikte, Aufstände und städtischen Wandels besonders geeignet. Aber da das Ereignis nur mittels der Veränderungen in der Umwelt darstellbar wurde, mussten jene, die die Folgen solcher Gewalt untersuchten, ihren Fokus von der Figur (des Individuums oder des Ereignisses) auf das Terrain (das urbane Gefüge oder die Landschaft) verschieben.

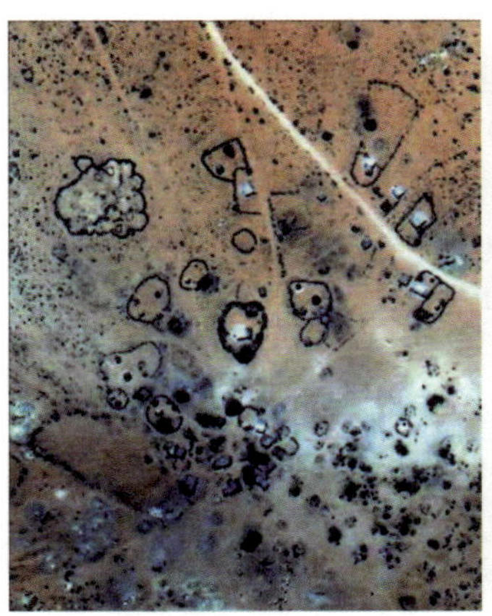

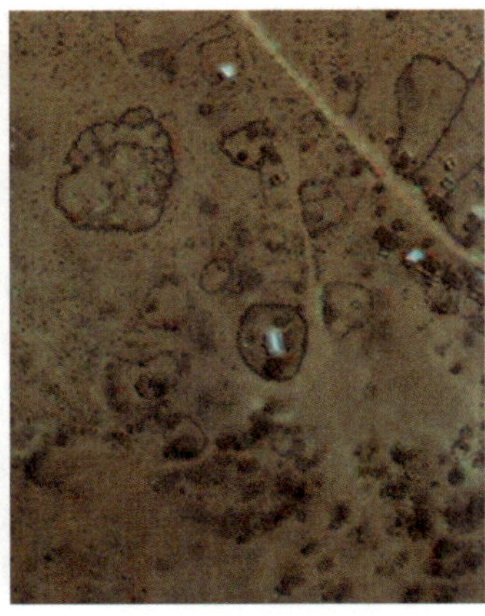

Abb. 3 & 4 Senafe, Eritrea, 1999 und 2002. Vor und nach der Zerstörung durch die eritreische Armee.

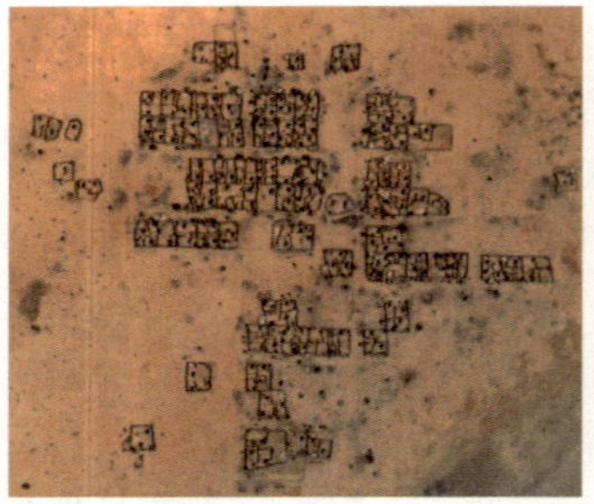

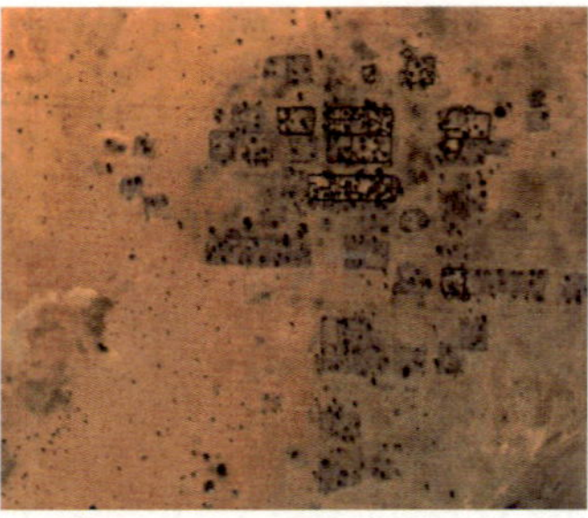

Abb. 5 & 6 Nord Darfur, Sudan, 2003 und 2006.

Auch Satellitenfotos, die heute gängigsten Vorher-Nachher-Bilder, sind das Ergebnis einer Begrenzung des fotografischen Vorgangs. Die Umlaufzeit, die Satelliten benötigen, um die Erde zu umkreisen, führt dazu, dass sie den gleichen Ort nur in bestimmten regelmäßigen Intervallen abbilden können. Die schnellsten Satelliten können die Erde in 90 Minuten umrunden, während jene in größeren Höhen mehrere Stunden benötigen: In dieser Zeitspanne zwischen den Bildern bleibt das entscheidende Ereignis selbst häufig ungesehen. Zugleich begrenzen internationale Vorgaben die Auflösung öffentlich zugänglicher Satellitenbilder auf 50 Zentimeter pro Pixel (das heißt jedes 50 Zentimeter große Gebiet wird als eine einzelne farbige Fläche dargestellt). Zwar können staatliche Behörden auf höherauflösende Bilder zurückgreifen, die Auflösung öffentlich zugänglicher Bilder wurde jedoch explizit so reduziert, dass die Aufzeichnung der menschlichen Gestalt verhindert wird.[1]

Diese Regelung, zunächst aus Sorge um den Schutz der Privatsphäre eingeführt, hat zugleich sicherheitspolitische Gründe. Nicht nur ermöglicht sie die Tarnung strategischer Standorte, sie erschwert zugleich die Untersuchung der Folgen staatlicher Gewalt und Rechtsverstöße. In Israel und den besetzten Gebieten sorgt eine noch striktere Regulierung von Satellitenbildern dafür, dass Anbieter die Auflösung ihrer Bilder auf einen Meter pro Pixel herabsetzen müssen.[2] Das hat den – zweifellos beabsichtigten – Effekt, die Möglichkeiten unabhängiger Organisationen, staatliche Maßnahmen in diesen Gebieten zu überwachen, massiv zu begrenzen. Ob politisch oder technisch motiviert: Auch 150 Jahre nach ihrer Erfindung bleibt das ursprüngliche Problem der Fotografie bestehen: Die Menschen bleiben in jenen Vorher-Nachher-Bildern, die am häufigsten die Folgen zerstörerischer Ereignisse dokumentieren, abwesend.

Die aktuelle Dominanz von Vorher-Nachher-Bildern prägt unsere Wahrnehmung der Welt. Indem sie unsere Aufmerksamkeit von der Repräsentation menschlicher Akteure hin zur Darstellung von Territorium und Architektur verlagern, eröffnen sie zweifellos neue Blickwinkel und verwandeln die räumliche Analyse in ein grundlegend politisches Instrument. Der entscheidende Aspekt von Vorher-Nachher-Bildern bleibt jedoch die Lücke zwischen ihnen. Diese Leerstelle entzieht sich jeder allzu einfachen oder einseitigen Interpretation.

Wir müssen die Geschichte des Vorher-Nachher-Bildes betrachten, um seine politischen Implikationen zu begreifen.

Abb. 7 & 8: Eugène Thibault, Die Revolution von 1848, vor und nach dem Angriff, Paris 1848.

Die vielleicht erste Vorher-Nachher-Fotografie einer urbanen Szene besteht aus einem Daguerreotypenpaar, das die Barrikaden in der Pariser Rue Saint-Maur-Popincourt am Sonntag, den 25 Juni 1848 zeigt, aufgenommen von Eugène Thibault vor und nach dem Zusammenstoß zwischen Arbeitern und der von General Lamoricière angeführten Nationalgarde. Die Fotografie-Historikerin Marie Warner Marien untersucht das Bildpaar in ihrem Buch *Photography – A Cultural History.*[3] Das Vorher-Bild zeigt eine Reihe Barrikaden aus zusammengetragenen Sandsäcken und Pflastersteinen. Obwohl die Arbeiterviertel damals einen nie dagewesenen Bevölkerungszuwachs erlebten, ist die Straße menschenleer, sind die Barrikaden unbemannt. Verstecken sich die Personen oder bewegen sie sich zu schnell, um von der Kamera erfasst zu werden? Das Nachher-Bild ist unscharf. Der Nationalgarde scheint ein Durchbruch gelungen zu sein; an dem zuvor noch von der Verteidigung gehaltenen Platz ist nun Artillerie und andere Ausrüstung erkennbar. Die Arbeiter sind besiegt, im Kampf getötet, gefangen genommen oder hingerichtet worden: Aber die Gewalt und das Getümmel der Schlacht bleiben im Bild unsichtbar.

Nicht nur die Ereignisse dieser Vorher-Nachher-Sequenz bedürfen der Interpretation; auch die Bedeutung des Bildpaares selbst hat sich im Laufe der Zeit verändert. Als es im August 1848 in der reaktionären (und später kollaborativen) Pariser Wochenzeitschrift *L'Illustration* veröffentlicht wurde, sollte es eine Warnung des Staates an die Arbeiterschaft zum Ausdruck bringen: *Das droht jedem, der rebelliert!* Heute hingegen können wir in den Bildern ein Zeugnis revolutionären Widerstands und dessen Auswirkungen auf unsere Welt erkennen.

Schon diese kleinste aller Sequenzen – die Abfolge zweier Bilder – kann unterschiedliche kulturelle Formen und diverse menschliche Erfahrungen evozieren. Ein Jahrzehnt vor der Erfindung des Films lässt sie bewegte Bilder erahnen und kann als frühe Montageform betrachtet werden: Eine Konstruktionsweise, in der Bilder nicht durch Worte, sondern vielmehr durch andere Bilder kommentiert werden. Zugleich kann die Abwesenheit des Ereignisses in der Vorher-Nachher-Fotografie mit den Auswirkungen von Traumata auf das Erinnerungsvermögen verglichen werden. Die traumatische Erfahrung tilgt oder verdrängt die für das Subjekt am schwersten zu ertragenden Ereignisse und erzeugt Leerstellen, die jedes Erinnern dauerhaft unvollständig und unbestimmt zurücklassen. Zeitgenössische Rechtstheorien betrachten diese Erinnerungslücken mittlerweile als eigenständige Beweismittel – die ausgelöschte Erinnerung selbst dient als Beweis für das von der Person erlittene Trauma. In ähnlicher Weise kann die Leerstelle zwischen Vorher-Nachher-Bildern als Reservoir imaginierter Bilder und möglicher Geschichten betrachtet werden.

Vorher-Nachher-Fotografien können Akte der Zerstörung auf höchst ambivalente Weise darstellen. So setzt sich die Sequenz, die mit Thibault und dem Sturm der Pariser Barrikaden begann, zwei Jahrzehnte später fort: Ein Großteil jener engen Straßen, Gassen und Viertel, die die Arbeiterschaft von 1848 zu verteidigen suchte, wurde in den 1860er und 1870er Jahren im Zuge der Restrukturierung von Paris durch Georges-Eugène Haussmann zerstört. Auch diese Tilgung sollte in Vorher-Nachher-Fotografien festgehalten werden: Zwischen 1862 und 1878 dokumentiert der »offizielle Porträtist von Paris« Charles Marville mit seiner Kamera jene

Wege, die durch Haussmanns Alleen und Terrassen ersetzt werden sollten, vor, während und nach ihrer Zerstörung und Neukonstruktion. Marvilles Bilder der Umgestaltung der Stadt wurden lange Zeit als nostalgische Darstellung, als Klage über die Zerstörung des »alten« Paris missverstanden. Die Kunsthistorikerin Maria Morris Hambourg widerspricht dieser Annahme jedoch: Mittels forensischer Untersuchungen machte Hambourg die genauen Standpunkte ausfindig, von denen aus Marvilles Fotografien aufgenommen wurden. Die Markierung dieser Orte in Karten des alten und neuen Paris beweist, dass Marville seine Bildpositionen und Bildkompositionen explizit anhand von Haussmanns Plänen ausgerichtet hatte.[4] Hambourg schreibt: »Ebenso, wie Haussmann seine gradlinigen Boulevards in die byzantinische Topographie von Paris einschrieb, arbeitete Marville entlang des Verlaufs der geplanten Straßen; er archivierte so, was nivelliert werden musste, um ihnen Platz zu machen […] Marvilles Bilder schlagen beinahe ebenso brutale Schneisen durch das urbane Gefüge wie Haussmanns Spitzhackentrupps«.[5] Marvilles Photographien komplementieren Haussmanns Baupläne. Seine bewusst düsteren Ansichten gewundener Kopfsteinplasterstraßen und verfallener Häuser hätten im 19. Jahrhundert keinerlei nostalgische Empfindungen hervorgerufen. Seine Bilder beschreiben eine vormoderne urbane Szenerie – zum Untergang verdammt, gerade weil sie der Modernisierung im Weg stand. Ihr gegenüber stellt er die Vorstellung einer modernen, komfortablen, effizienten und hygienischen Stadt der Zukunft, die *ex nihilo* in der Leerstelle zwischen zwei Bildern konstruiert werden sollte. Jener »Blick«, den Marville in seinen Fotografien festhielt, verwandelte die Gegenwart in die Zukunft, lange bevor tatsächlich etwas zerstört und wieder aufgebaut wurde.

Manchmal steht in der Untersuchung von Vorher-Nachher-Bildern auch deren zeitliche Abfolge in Frage. In ihrem berühmten Text *Das Leiden anderer betrachten* untersucht Susan Sontag das Bild *Tal des Schattens des Todes,* das der englische Fotograf Roger Fenton 1855 während des Krimkriegs aufgenommen hatte. Auf diesem Bild – laut Sontag die erste Kriegsfotografie überhaupt – sehen wir eine Talstraße in Richtung Sewastopol, dicht mit Kanonenkugeln übersäht.

Abbildung 9&10: Roger Fenton, *Tal des Schattens des Todes*, 1855. Mit (links) und ohne (rechts) Kanonenkugeln.

Auf Basis einer zweiten Fotografie Fentons, die dieselbe Szene aus der exakt gleichen Perspektive, jedoch ohne die Kanonenkugeln auf der Straße zeigt, konstatiert Sontag: »Eigentlich kann es nicht überraschen, daß viele kanonische Bilder der frühen Kriegsphotographie inszeniert sind, oder daß an dem, was sie abbilden, oft Veränderungen vorgenommen wurden. Nachdem Fenton mit seiner in einem Pferdewagen untergebrachten Dunkelkammer das Tal in der Nähe von Sewastopol erreicht hatte, das Monate vorher unter so heftigen Beschuss geraten war, machte er von der gleichen Stativposition zwei Aufnahmen: auf der ersten Version […] liegen die Kanonenkugeln in einem Graben links neben der Straße dicht beieinander; doch bevor er das zweite Bild machte – das seither fast immer reproduziert wird –, sorgte Fenton dafür, daß die Kanonenkugeln auf der Straße verteilt lagen.«[6]

In »Crimean War Essay«, dem ersten Kapitel seines polemischen Buches *Believing is Seeing*,[7] versucht Errol Morris Sontags Hypothese, die Fotografie mit den Kanonenkugeln auf der Straße sei notwendigerweise *nach* jener mit den Kugeln am Straßenrand entstanden, als falsch zu entlarven oder zumindest in Frage zu stellen. Wenn Sontag unrecht hat und das Bild mit den Kanonenkugeln auf der Straße das erste ist, so habe Fenton laut Morris die Straße möglicherweise einfach freigeräumt, um seinem Wagen die Durchfahrt zu erleichtern.

Um die wahre zeitliche Abfolge dieses Vorher-Nachher-Paares zu bestimmen, reist Morris auf der Suche nach der genauen Position von Fentons Aufnahmen auf die Krim. Mittels der exakten geografischen Lage der Fotos versucht er, anhand der Schatten auf den Kugeln – erfolglos – die Abfolge der Bilder zu berechnen. Im immer näheren Heranzoomen an die Bilder findet er schließlich einen Anhaltspunkt in der Bewegung der kleinen Steine in der Nähe der Kugeln.

»Wenn die Steine auf dem Hügel liegen«, schließt Morris, »sehen wir die Kanonenkugeln am Rand. Im anderen Bild sehen wir die Steinchen, nachdem sie weggeschleudert wurden und so bergab rollten, und die Kanonenkugeln auf der Straße [...] Es sind die Gesetze der Schwerkraft, die uns erlauben, die zeitliche Ordnung der Fotografien zu bestimmen.«[8] Obwohl Morris' Schlussfolgerung Sontags Annahme, die er ursprünglich widerlegen wollte, bestätigt, zeigen die obsessiven Schilderungen seiner Untersuchung nur allzu deutlich, dass die Reihenfolge von Vorher-Nachher-Bildern nie als selbstverständlich gelten kann.

Der vertikale Blick

Es waren die Anforderungen der Kriminologie, die zu einer Verschiebung der Vorher-Nachher-Fotografie von der Horizontalen in die Vertikale führten. Anfang des 20. Jahrhunderts entwickelte der französische Polizeibeamte Alphonse Bertillon, Begründer moderner forensischer Techniken wie des Fahndungsfotos, eine spezielle fotografische Vorrichtung: den *plongeur* (Taucher). Der Taucher bestand aus einer horizontal ausgerichteten Kamera, die in die Öffnung eines periskopartigen Aufbaus fotografierte, der wiederum den Blick der Kamera über ein hohes Stativ nach unten lenkte – und so die Aufnahme des Tatorts aus der Vogelperspektive ermöglichte. Bertillon versprach sich von dieser vertikalen Perspektive die Beseitigung aller Vorurteile mittels der Entsubjektivierung der Betrachterposition.[9]

Ein halbes Jahrhundert später sollte so, aus neuen durch Flugzeuge erreichbaren Höhen, die Zerstörung ganzer Städte durch Explosionen, Feuergefechte oder Atombomben dokumentiert werden. Mit dem Start von Landsat 1, dem ersten Erdbeobachtungssatelliten der NASA, konnte im Jahr 1972 eine Ausweitung umweltlicher Zerstörung weit über den urbanen Bereich hinaus beobachtet werden, die schließlich den ganzen Planeten in eine Stätte forensischer Untersuchungen verwandelte.

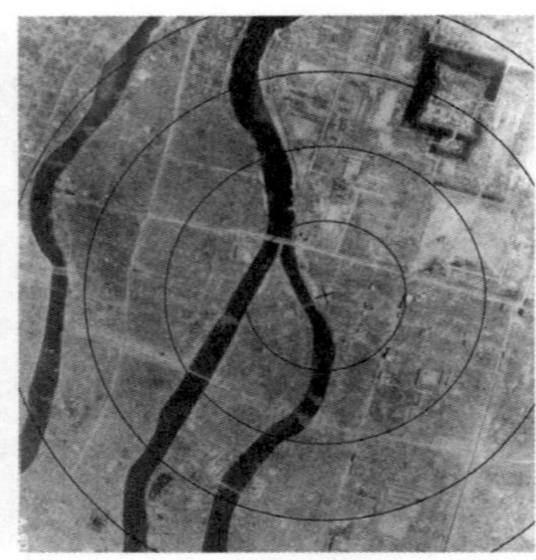

Abb. 11&12: Hiroshima vor und nach dem Bombenangriff am 6. August 1945. Das Areal um Ground Zero ist in Abständen von 300m-Intervallen durch Kreise markiert.

In ihrer herausragenden Studie *Close up at a Distance*[10] beleuchtet Laura Kurgan, in welch radikaler Weise Satellitensichttechnologien unsere Fähigkeit verändert haben, »die räumliche Sphäre als einen politischen, humanistischen und militärischen Referenzpunkt zu nutzen«.[11] Obwohl Satellitenfotos oft als apolitische oder neutrale »Ansichten aus dem Nichts« betrachtet werden, sind sie in Wirklichkeit zutiefst politische Produkte von Staatslogiken und Überwachungstechnologien aus der Ära des Kalten Kriegs.

Satelliten – deren Umlaufbahnen zwar oberhalb der Grenzen staatlicher Souveränität liegen, aber zugleich tiefe Einblicke in diese erlauben – sind heute eng mit dem Schutz von Menschenrechten verbunden. Es ist eben diese extra-territoriale Dimension des Weltraums (dessen Grenze durch die tiefstmögliche Satellitenflugbahn definiert wird), die Satellitenüberwachung nicht nur für Spionageagenturen und deren Aufklärungsmissionen attraktiv macht, sondern auch für internationale Organisationen und Menschenrechtsgruppen, deren Ziel es ist, Staaten für ihre Taten zur Rechenschaft zu ziehen.

Andrew Herscher hat darauf hingewiesen, dass die gleichzeitige Nutzung dieser Überwachungstechnologien durch militärische wie humanistische Organisationen ganz eigene Gefahren birgt.[12] Im sogenannten Kosovo Krieg am Ende des 20. Jahrhunderts dienten Menschenrechtsverletzungen – genauer gesagt jene der serbischen Seite – zum ersten Mal der Rechtfertigung militärischer Maßnahmen und wurden so Untersuchungsgegenstand von Satellitenaufklärungsmissionen der USA und der NATO-Alliierten. Diese historische Verbindung begründete eine neuartige Verstrickung humanistischer und militärischer Belange und ebnete den Weg für zukünftige Militäraktionen (oder deren Androhung) auf Basis humanistischer Beweggründe in Konflikten weltweit. Satellitenfotos, die vorgeben, beschädigte, zerstörte oder ausgelöschte Dörfer und Städte zu zeigen, und ihre Darstellung als Vorher-Nachher-Bilder gerieten so zu einem Handlungsappell.

Kurgan zeigt überzeugend, dass Satellitenfotos – wie alle Fotografie – offen sind für unterschiedliche und widerstreitende Interpretationen, die nicht notwendigerweise durch den Staat kontrolliert oder begrenzt werden, sondern sogar aktiv gegen diesen gewendet werden können. Auch die Betrachtung aus der Luft löst die diesen Fotografien inhärente Mehrdeutigkeit nicht auf. Kurgans Buch warnt davor, sich einfachen Interpretationen hinzugeben und Bildern eine absolute und endgültige Wahrheitsfähigkeit zuzuschreiben, die sorgfältige Interpretation überflüssig macht. Statt von solchen Technologien und ihrer Nutzung Abstand zu nehmen, versucht Kurgan jedoch, durch die intensive Betrachtung und Lektüre der Bilder, kreativere Wege ihrer politischen Mobilisierung aufzuzeigen.

Obwohl Satellitenbilder meist von staatlichen Stellen und Unternehmen genutzt werden, hat ihre Analyse in den letzten Jahrzehnten eine entscheidende Transformation von Menschenrechtsorganisationen ermöglicht. Diese agieren nun weniger als Verteidiger partikularer Interessen, denn als investigative Akteure, die versuchen, Staaten für ihre Taten zur Rechenschaft zu ziehen. Dank der breiten Verfügbarkeit von Satellitenbildern können heute auch Privatpersonen militärische Aktionen überwachen. So konnte beispielsweise der italienische Luftfahrt-

Blogger David Cenciotti im Oktober 2011 beim Durchstöbern von Google Earth – anhand von sechs, auf dem neu erbauten Areal des Djibouti International Airport entdeckten US-Kampfjets des Typs F-15 – den geheimen Krieg des Pentagons im Jemen und Ostafrika nachweisen. Forensik wird heute auch von einer kritischen Bevölkerung betrieben.

Abb. 13&14: Ansichten des internationalen Flughafens Djibouti mittels der Historische-Bilder-Funktion von Google Earth, April 2009 / Oktober 2011.

Satellitenbilder verschieben den Fokus der Menschenrechtsanalyse vom Bildsubjekt zum Bildraum – vom Menschen zur Umwelt. Aber wie können Menschenrechtsverletzungen sichtbar werden, wenn der menschliche Körper aus der bildlichen Darstellung verschwindet? Kurgan beschreibt, wie Menschenrechtsverstöße schon ab einer Auflösung von 20 Metern pro Pixel als Umweltveränderungen erkennbar werden: Die Spuren von Massengräbern beispielsweise werden auf Ackerflächen bereits sichtbar, wenn Gebäude und Stadtviertel noch eine undifferenzierte Masse bilden. In der verbreitetsten Auflösung von 50 Zentimetern pro Pixel werden Details erkennbar:

Einzelne Bauwerke und Gebäudeteile können identifiziert werden, was eine architektonische Analyse ermöglicht. Diese Interpretation ähnelt einem Akt der Archäologie, die immer eine Archäologie der Gegenwart ist. Sie besteht nicht aus der materiellen Ausgrabung einer fernen Vergangenheit, vielmehr handelt es sich um eine architektonische Rekonstruktion auf Basis der Analyse von Bildern und der Art und Weise, wie diese Bilder durch Pixel konstruiert werden.

Abb. 15&16: Forensic Architecture und Situ Studios, Zerstörung eines Waffenareals, vermutlich durch das pakistanische Militär, Miranshah, Nord Wasiristan, Pakistan, April 2011.

Abb. 17&18: Forensic Architecture, Auswirkungen eines amerikanischen Luftangriffs auf den Jemen, 14. Juli 2011.

In Erwartung oder im Einbruch der Katastrophe richten kommerzielle Betreiber von Satelliten deren Flugbahnen auf sogenannte *regions of interest* bzw. *areas at risk* in der Hoffnung, ihre Bilder der Geschehnisse später an interessierte Organisationen verkaufen zu können.[13] Die so vermarkteten Bilder werden von unabhängigen professionellen Analysten zu Vorher-Nachher-Bildern zusammengestellt und in einem elaborierten Finde-den-Unterschied Spiel interpretiert. Lars Bromley, Satellitenbildanalyst der Vereinten Nationen, erklärt, dass Forscher, um diese fotografische Gegenüberstellung in Vorher-Nachher-Bildpaaren zu produzieren, jedes Foto aus einer anderen Quelle beziehen müssen.[14] Vorher-Satellitenbilder werden in der Regel aus bestehenden Archiven entnommen. Diese Bilder können ohne jedes Wissen über die kommenden desaströsen Ereignisse entstanden sein, obwohl sie allzu häufig gerade in deren Erwartung gemacht werden. In den meisten Fällen sucht der Analytiker ein Vorher-Bild, das so nah wie möglich an den Zeitpunkt des Ereignisses heranreicht. Für das Nachher-Bild muss entweder für viel Geld die Navigation eines Satelliten über einen bestimmten Ort beauftragt, oder auf ein bereits vorhandenes Bild zurückgegriffen werden – sofern sich in der Datenbank des Unternehmens ein Satellitenbild in zeitlicher Nähe zum Ereignis befindet. Dieses Bild kann ebenso gut durch einen anderen Klienten beauftragt worden sein – denn der

Käufer, ob er beauftragt oder auswählt, verfügt nie über die Exklusivrechte an einem Bild.

In der Analyse dieser Gegenüberstellungen bildet das Vorher-Bild den Ausgangspunkt – den normalen oder normativen Status-Quo, demgegenüber alle späteren Ereignisse als Abweichungen interpretiert werden. Für diese Art der Arbeit muss das Nachher-Bild zeitlich so nah wie möglich am Vorher-Bild liegen. Je weiter der zeitliche Abstand zwischen beiden, desto größer die Fehlerspanne, desto zahlreicher die Ereignisse, mit denen der neue Zustand in Verbindung gebracht werden könnte, und desto mehr Spekulationen sind nötig, um diese Lücke zu schließen.

Die Tatsache, dass Menschenrechtsorganisationen selten über die finanziellen Mittel verfügen, Satelliten zu beauftragen und stattdessen auf vorhandene Bilder ausweichen müssen, bedeutet eine entscheidende Begrenzung ihrer Arbeit. So können sie in der Regel nur Satellitenbilder von Orten analysieren, die bereits durch gut finanzierte staatliche Einrichtungen oder Unternehmen überwacht werden. Dies erschwert es privaten Organisationen oder NGOs, eigene Ziele zu setzen, und macht sie abhängig von den verschlungenen Interessen militärischer, staatlicher und großer internationaler Unternehmungen.

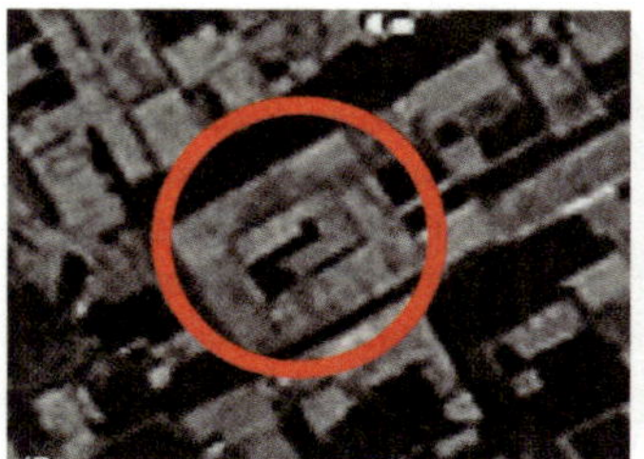

Abb. 19&20: Forensic Architecture und Situ Studio, Analyse eines vermuteten Drohnenanschlags auf eine ehemalige Mädchenschule in Miranshah, Nord Wasiristan, Pakistan. Zwischen den beiden Bildern ist kein Unterschied erkennbar.

Manchmal lässt sich, obwohl Zeugenaussagen den Ort eines Luftangriffs lokalisieren können, kein Unterschied zwischen den vor und nach dem Ereignis aufgenommenen Bildern ausmachen. Dies geschieht häufig dann, wenn der Einschlag- oder Einschusspunkt die Größe eines einzelnen Pixels unterschreitet. In diesen Fällen wird einer der zentralen Grundsätze der kriminalistischen Forensik auf den Kopf gestellt. Normalerweise sollte der Ermittler (meist eine staatliche Behörde) mehr sehen können als der Täter (sei es eine Person oder eine Organisation). Werden staatliche Stellen jedoch selbst zu Beschuldigten und unabhängige Organisationen wie NGOs zu Ermittlern, wird diese Problematik noch verschärft. Drohnenangriffe werden von staatlichen Stellen mit viel höherer Auflösung geplant und durchgeführt, als sie von öffentlichen Satelliten aufgezeichnet werden dürfen. Drohnen können das Label auf der Kleidung der Person identifizieren, die sie verfolgen. Unabhängige Organisationen hingegen können die Auswirkungen von Angriffen erst ab einer Auflösung von 50 Zentimeter pro Pixel erfassen und verfolgen – darunter verschwindet die Spur des Eingriffs hinter der Farbbarriere des einzelnen Pixels. Die Differenz zwischen der Schärfe des Angriffs und dem Verschwimmen des Beweises schafft ein Wissensgefälle, das Raum für Leugnungen lässt: Der Staat ist stets im Besitz eines höher aufgelösten Bildes, um zu beweisen, dass seine Gegner im Unrecht sind.[15]

Gewalt im Anthropozän

Mit dem Start von Landsat 1 im Jahr 1972 wurde die Politik auf der Erdoberfläche sichtbar wie in einer langzeitbelichteten Fotografie. Mit Landsat 8 startete im Februar 2013 der neueste Satellit dieses andauernden Programms zur systematischen und strategischen Beobachtung und Überwachung der Erdoberfläche in einer Auflösung, in der zwar individuelle Merkmale unsichtbar, die Verflechtungen zwischen menschengemachter und natürlicher Umwelt aber um so deutlicher zu sehen sind. Die Geländedaten von Landsat zeigen, wie menschliche Prozesse das Antlitz der Erde dauerhaft verändert haben. Die kontinuierliche Erfassung der Erdoberfläche hat allmähliche Veränderungen in Bildsequenzen ans Licht gebracht, die sowohl übereinandergelegt als auch einander gegenübergestellt werden können. Aufzeichnungen aus den sichtbaren, kurzwelligen, thermischen und Nahinfrarot-Bereichen des elektromagnetischen Spektrums erfassen dabei weitaus mehr Informationen, als das bloße Auge je wahrnehmen könnte. Landsat-Sensoren erlauben die Überwachung von Veränderungen der Vegetation (bspw. die Transformation von Waldflächen in Felder), Unregelmäßigkeiten in der Wärmeentwicklung (wie Buschbrände), Luftverschmutzung und sogar die Existenz verborgener unterirdischer archäologischer Stätten, die das Wachstum der Pflanzenwelt über Generationen hinweg verändert haben.

Diese Bilder machen sichtbar, was der Ökologe Eugene F. Stoermer und der Atmosphärenchemiker Paul J. Crutzen als Anthropozän bezeichnet haben: Jene geologische Epoche, die ihrer Ansicht nach das Holozän abgelöst hat. Im Anthropozän ist das menschliche Handeln zu einer geologischen Kraft geworden, die die materiellen Eigenschaften des Planeten mit einer Stärke formt, die der von Naturgewalten wie Vulkanen, Erdbeben und Flächentektonik gleichkommt. Diese noch immer hypothetische Bestimmung stellt die Unterscheidung zwischen menschlichem Handeln und Umwelt, von Menschenhand geschaffenem Bauwerk und natürlicher Stätte, und somit auch zwischen Mensch und Terrain in Frage. Architektur im Anthropozän zu denken, bedeutet zu akzeptieren, dass menschliche Lebenswelten nicht nur auf der Erde gründen, sondern beständig neue Gründe produzieren und transformieren.[16]

Vertreter der Theorie des Anthropozäns aus Ökologie und Geologie nutzen diesen Begriff, um vor einem nahenden umweltpolitischen Armageddon durch die Auswirkungen von technischem Fortschritt, Ressourcenausbeutung und globalem Handel auf den Klimawandel zu warnen. Die Betonung dieser drohenden Zerstörung mag vergessen machen, dass bereits heute ein Großteil der gegenwärtigen menschlich-materiellen Wechselbeziehung das Ergebnis von Konflikten ist. Konflikte im Anthropozän beschreiben dabei weniger Schlachten in der Natur oder territoriale Verteilungskämpfe, sondern vielmehr die stetige Schaffung neuer Kulturflächen.

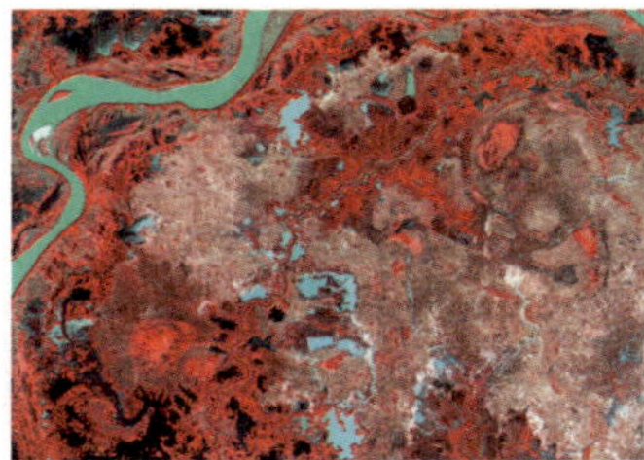

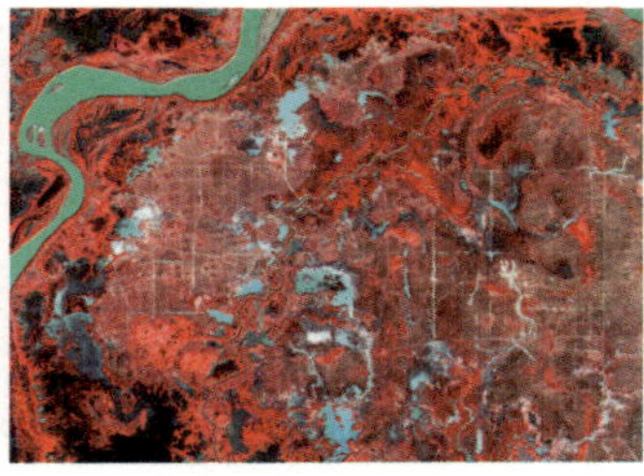

Abb. 21&22: Kambodscha, Nord-Osten von Phnom Penh, Landsat, 1973 und 1985. Im Nachher-Bild ist ein Raster von Kanälen sichtbar.

Landsat-Aufnahmen aus der Geschichte Kambodschas der letzten 40 Jahre zeigen deutlich die Komplexität dieser Verstrickungen von Umweltveränderungen und Konflikten. Im Januar 1973 begann die erste detaillierte fotografische Erfassung Kambodschas vom Weltraum aus. 1973 fand auch die von der Nixon Administration lancierte Kampagne der »geheimen« Luftoffensive ihren Höhepunkt: Zwischen 1965 und 1973 wurden fast drei Millionen Tonnen Bomben über Kambodscha abgeworfen – mehr als auf irgendeinen anderen Ort jemals zuvor oder danach, und beinahe doppelt so viele wie auf Deutschland während des Zweiten Weltkriegs (1,6 Millionen Tonnen). Etwa zwei Millionen Geflüchtete wurden vom Land in die Städte gezwungen; eine Million davon ins völlig überfüllte Phnom Penh. Flächendeckende Bombardements verwüsteten Dörfer, Felder und Wälder und zerfurchten die Oberfläche der Erde. Der britische Korrespondent Jon Swain berichtete im Mai 1975 in der *Sunday Times*: »Die gesamte ländliche Gegend ist von Kratern amerikanischer B-52 Bomben durchzogen, ganze Städte und Dörfer ausgelöscht.« Die topographische Veränderung hatte zugleich Auswirkungen auf den Wasserkreislauf; neue Wasserverläufe und Sümpfe entstanden. Diese radikal veränderte, bombengemachte Landschaft demonstriert die zentrale Rolle des Krieges im Anthropozän.

Bekanntheit erlangte das Bild aus dem Jahr 1973 jedoch weniger wegen seines Sujets als in seiner Funktion als Vorher-Bild; als vermeintlich neutraler Ausgangspunkt, auf dessen Grundlage ein neues Verbrechen erfasst werden sollte: Jene, manchmal als »Autogenozid« bezeichneten Gräueltaten, die von Pol Pots Regime der Roten Khmer auf eben diesem verwüsteten Terrain, den sogenannten *Killing Fields,* begangen werden sollten.

1986, sechs Jahre nach dem Sturz des Regimes der Roten Khmer durch die Truppen der Nationalen Einheitsfront zeigte eine Satellitenstudie eine weitere massive Veränderung der Erdoberfläche:

Ein seltsames Raster, eingegraben in die Erdoberfläche. Nicht das Ergebnis von Bomben, sondern der Arbeit einer versklavten Bevölkerung, die aus den Städten verdrängt wurde (darunter jene Geflüchteten, die gerade erst Schutz in ihnen gesucht hatten), um zahlreiche neue Bewässerungssysteme, Kanäle, Gräben und Deiche auszuheben. Diese wurden jedoch nicht anhand der natürlichen Gegebenheiten des Landes, sondern entlang jener Rasterlinien gebaut, die die Roten Khmer zur Orientierung in die chinesischen Militärpläne eingezeichnet hatten. Auf Grundlage des Bewässerungssystems plante das Regime die Ruralisierung des Landes und die Gründung einer nachhaltigen Agrarutopie,[17] deren Kanäle gradlinige Schneisen durch die ohnehin schon zerbombte, kambodschanische Landschaft schnitten. Ort dieses gewaltigen Projekts – in maoistischen Kreisen als *»Supergroßer Sprung nach vorn«* und im nationalistischen Sprachgebrauch als *das neue Angkor* (welches ebenfalls auf einem riesigen quadratischen Kanalsystem erbaut wurde) bekannt – waren die *Killing Fields* der Roten Khmer.

Die Satellitenbilder von 1973 und 1985 zeigen die Folgen dieser sich überlagernden Gewalt in Kambodscha, verübt zunächst durch die U.S. Air Force und dann durch die Roten Khmer, während einer Ära, die die finnische Untersuchungskommission als »Jahrzehnt des Genozids« bezeichnete.[18] Dass die amerikanischen Bombenangriffe in der Geschichte

Kambodschas weniger beachtet sind, liegt sicherlich auch daran, dass ihre Folgen zwar in dem Landsat-Foto von 1973 eingeschrieben sind, ein Vorher-Bild, das diesem gegenübergestellt werden könnte, jedoch fehlt.[19]

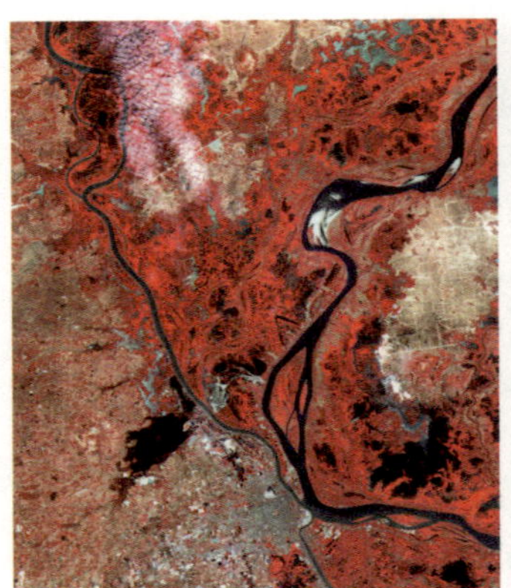

Abb. 23&24: Kambodscha, Gebiet nahe Phnom Penh, Landsat, 1995 und 2009 vor und nach den massiven Überflutungen des Landes.

Die dritte große Welle der Zerstörung Kambodschas ist eine direkte Folge des Klimawandels. Aktuelle Landsat-Untersuchungen zeigen, dass das Bewässerungssystem der Roten Khmer nicht nur funktionstüchtig ist, sondern vielmehr stetig erweitert wurde. Dank dieser von der Weltbank und anderen internationalen Organisationen geförderten Entwicklung konnten die landwirtschaftlichen Erträge und die Selbstversorgungsrate in Kambodscha gesteigert werden. Aber trotz des Ausbaus war das System nicht in der Lage, die zunehmende Häufigkeit und Schwere der Monsunfluten in Folge des Klimawandels auszugleichen. Kambodscha ist eines der Länder, die am wenigsten zum Klimawandel beitragen, aber am meisten darunter leiden. 2011 wurden während der schlimmsten Überschwemmung der Geschichte Kambodschas drei Viertel des Landes überflutet und circa 80 Prozent der Ernte zerstört. Der Fall Kambodscha verlangt eine Verschiebung des Analyserahmens weg von der bloßen Verknüpfung von Menschenrechten mit den Taten repressiver Regimes, zugunsten einer Konzeption von Rechten, die Konfliktstudien und umweltpolitische Fragestellungen verbindet. Diese Bestrebungen werden sowohl von Militärs wie von Menschenrechtsgruppen unter dem Namen Umweltsicherheit *(environmental security)* zusammengefasst.

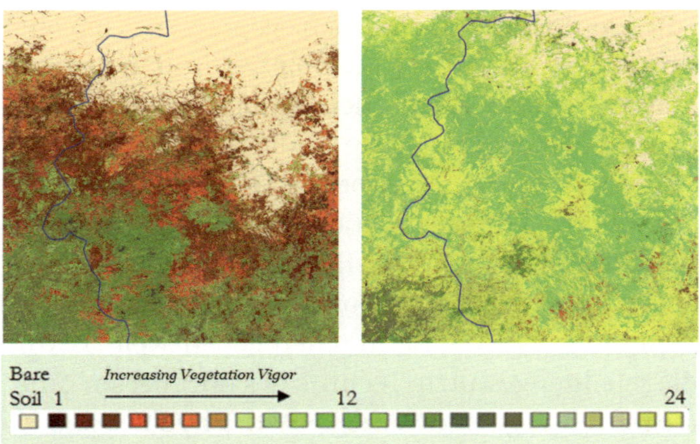

Abb. 25&26: Darfur, Sudan, 2003 und 2007. Vegetationsindexe (hier *NDVI*) zeigen ein erhöhtes Aufkommen von Gräsern und Sträuchern im Jahr 2007.

Auch der Fall des sudanesischen Darfur verdeutlicht die Verflechtung von Konflikten und Umweltveränderungen. Laut Angaben der UNO war einer der Gründe für die kriegerischen Auseinandersetzungen im Sudan das Verschwinden von Weideflächen im Zuge der Wüstenbildung in der Sahelzone, ihrerseits Folge des vom Menschen verursachten Klimawandels. Die bestehenden Spannungen zwischen den unterschiedlichen kulturellen, ethnischen und religiösen Gruppen wurden durch den

Kampf um schwindende Landressourcen noch verstärkt. Doch die ökologischen Veränderungen im Sudan sind nicht nur Ursache, sondern auch Folge eines Konfliktes.

In den landwirtschaftlich geprägten Gebieten Darfurs, in denen die Kämpfe zu umfangreichen Massakern und ethnischen Säuberungen führten, liegen ehemals kultivierte Felder aufgrund der Abwesenheit ihrer Besitzer brach. Das *Genocide Studies Program* der Universität Yale, das mittels der Interpretation von Satellitenbildern Genozide weltweit aufdeckt und erforscht, nutzt zur Untersuchung der Veränderungen der natürlichen Lebenswelt Darfurs die satellitengestützte Technik des normierten differenzierten Vegetationsindexes (NDVI), eines graphischen Indikators zur Visualisierung der Stärke von Vegetationsdichten. Werden mehrere Satellitenfotos übereinandergelegt, markiert der NDVI die Veränderungen der natürlichen Umwelt zwischen den Entstehungsdaten der Bilder. Kultivierte Felder, die über eine relativ einheitliche monokulturelle Vegetation verfügen, weisen eine kohärente Wärmeverteilung auf, aber bereits einige Jahre nach ihrem Verlassenwerden zeigt sich eine unregelmäßigere Verteilung mehrerer Pflanzenarten: Die umfassende Rückkehr einer natürlichen, nichtkultivierten Vegetation, wie sie in den obigen Bildern erkennbar ist.

Der Differenzmarker zwischen den Bildern verdeutlicht einen Zuwachs an Biomasse, Vegetationsdichte und Vitalität der registrierten Pflanzen. Gräser und Sträucher, robuster und widerstandsfähiger als kultivierte Spezies, gedeihen auf ehemaligen Ackerflächen und Weideland.[20] Laut des Yale-Berichts sind dies Anzeichen des Rückgangs von Viehzucht und Ackerbau – eines Populationsschwundes, der wiederum Folge der »systematischen, von der Regierung geförderten Gewalt und der Vertreibung der Bevölkerung durch die sudanesische Regierung und Milizen« ist.[21] Die Rückkehr zur Wildnis – Anzeichen der Selbstheilung der Natur – ist zugleich Indikator der Vernichtung und Vertreibung von menschlichem Leben.

Der NDVI ist eines von mehreren hyperspektralen Sensorsystemen, die Wellen jenseits der menschlichen Wahrnehmung aufzeichnen können. Die Digitalisierung dieser Daten erweitert die Möglichkeiten, Veränderungen in Landnutzung und -entwicklung als Spuren von Menschenrechtsverletzungen auf der gesamten Erdoberfläche sichtbar zu machen. Anhand der Eigenschaften und visuellen oder thermalen Informationen eines »Objekts« – seien es Häuser, Fahrzeuge, Bauten oder Vegetationen – können Algorithmen dessen Dichte und Ausbreitung in Satellitenbildern berechnen. Doch auch in solchen völlig algorithmisierten Umgebungen ist die Reihenfolge der Bilder von entscheidender Bedeutung. Das Vorher-Bild ist als Ausgangspunkt der zentrale Kalibrationsfaktor. Von diesem »normativen« Zustand aus bemisst sich der Marker, der das Ausmaß der Veränderung zum Nachher-Bild kennzeichnet.

In diesen und ähnlichen analytischen Arbeiten werden Menschenrechtsverletzungen durch die Visualisierung und Interpretation zunächst unsichtbarer Bereiche des elektromagnetischen Spektrums sichtbar gemacht. Zum Fehlen der menschlichen Figur im Bild tritt so der allmähliche Ausschluss des Menschen aus heute zunehmend automatisierten und algorithmisierten Prozessen der Bild-Betrachtung und Daten-Interpretation hinzu.

In den Anfängen der Menschenrechtsbewegung in den 1970er Jahren war die Funktion menschlicher Zeugenschaft – vor allem der von Überlebenden oder Dessertierten – von zentraler Bedeutung. Zeugenaussagen, die in Menschenrechtsberichten und öffentlichen Stellungnahmen dargestellt wurden, hatten nicht nur epistemische, sondern auch politische und ethische Bedeutung. Ermittlungen von Menschenrechtsverletzungen waren so gleichermaßen Untersuchungen *über* Menschen wie *von* Menschen. Die Verschiebung von der menschlichen Zeugenaussage hin zur Analyse materieller oder digitaler Beweismittel – die größtenteils auf Satellitenbildern basieren – führt zum Verlust eines dezidiert »menschlichen« Aspekts im Bereich der Menschenrechte. Die humanistische Analyse scheint paradoxerweise in eine post-humane Phase eingetreten zu sein. Heute untersuchen nicht länger Menschen, sondern Sensoren und Algorithmen jene Veränderungen der Umwelt, die zugleich die Bedingungen des Erhalts menschlichen Lebens darstellen.

Wir sind weit entfernt vom »Zeitalter der Zeugenschaft«[22] der letzten Jahrzehnte des 20. Jahrhunderts, und vielmehr im Zentrum einer durch Algorithmen vermittelten Analyse materieller Verhältnisse. Die Abkehr der Menschrechtsforschung von traditionell humanistischen Maßstäben geht Hand in Hand mit der wachsenden Verstrickung zwischen Menschenrechtsorganisationen und westlichen Militärs. Wie die Arbeiten von Laura Kurgan und Andrew Herscher aufzeigen, sind geteilte Technologien und Blickwinkel, sich überschneidende Ziele und ein fließender Austausch von Personal deutliche Anzeichen dieser Entwicklung. Bei aller kreativen Nutzung der verfügbaren zeitgenössischen Bildanalysen dürfen wir nicht vergessen, dass die Technologien der forensischen Untersuchung dieser Gewalttaten mit jenen der Überwachung und Zerstörung identisch sind. Beide fußen auf der Lektüre von Vorher-Nachher-Bildern – wenn auch mit unterschiedlichen Blickwinkeln und Absichten. Der Schütze wird anhand von Vorher-Nachher-Bildern die Genauigkeit seines Angriffs bewerten, während Menschenrechtsaktivisten mittels desselben Bildpaars die zivilen Verluste dieses Anschlags untersuchen und anklagen.

Auch wenn Menschenrechtsanalysten auf die Bilder der Täter angewiesen bleiben, können sie doch andere Positionen vertreten und umfassendere, komplexere politische Kausalitäten und Verbindungen herstellen. Sie müssen anhand dieser Fotos nicht nur die Oberfläche der Erde, sondern auch jene des Bildes selbst betrachten. Das bedeutet, die Politik zu untersuchen, die sich in Technologien des Sehens und der Repräsentation darstellt. Noch wichtiger ist es aber, die technischen und politischen Bedingungen zu erkennen, die die Leerstelle zwischen den Bildern erst erzeugen.[23] Durch die Lücke in der fotografischen oder algorithmischen Darstellung von Vorher-Nachher-Bildern bleibt das dargestellte Subjekt stets ungewiss, diskontinuierlich und unvollständig – es ist offen für sich wandelnde Interpretationen, die mit jedem Betrachten neu entstehen.

Umgekehrte Ruinen

Abb. 27&28: Dresden, Ansichten der Zerstörung 1945 und des Wiederaufbaus 1982.

Tief in ihrem Inneren träumt die Forensik von der Umkehrbarkeit der Zeit. Vorher-Nachher-Bilder können gleichermaßen in beide Richtungen gelesen werden, wie das *Hotel Palenque,* das unter den Händen Robert Smithsons, zu einer umgekehrten Ruine wurde, einem endlosen Zyklus von gleichzeitigem Verfall und Wiederaufbau unterworfen.[24]

Ein anderes Projekt zeigt dieses zeitliche Oszillieren noch deutlicher: Das 1946 erschienene Buch *Bilddokument Dresden: 1933–1945*[25] sucht die Zerstörung Dresdens in Abfolgen von Kurt Schaarschuchs Vorher-Nachher-Fotos darzustellen. Schaarschuch, der die Stadt 1933 noch in vollem Glanz fotografiert hatte, kehrte wenige Wochen nach der Bombardierung durch die Royal Air Force am 13. und 14. Februar 1945 an dieselben Orte zurück und versuchte, in den verbrannten Trümmern seiner Stadt die ursprünglichen Standorte der mitgebrachten Abzüge zu finden.

Die Bildunterschrift unter dem letzten Foto seines Buches fordert den Wiederaufbau. Und tatsächlich kehrten nach der Rekonstruktion einiger dieser Gebäude Fotografen an die von Schaarschuch aufgenommenen Stätten zurück, und schufen, unter Einnahme der gleichen Bildposition, neue Nachher-Bilder, die sich wiederum den allerersten Vorher-Bildern annäherten und in den neuen Stadtplänen abgebildet wurden.

An diese Vorstellung der Umkehrung der Zeit erinnert auch einer der schönsten Abschnitte der Kriegsliteratur: jene märchenhafte Anti-Kriegs-Utopie, die Kurt Vonnegut in *Schlachthof 5* durch die simple Umkehrung der Beschreibung der Bombardierung Dresdens erzeugt:

»Der Verband flog rückwärts über eine in Flammen stehende deutsche Stadt. Die Bomber öffneten ihre Bombenklappen, wandten einen wunderbaren Magnetismus an, der die Feuer eindämmte, sammelten sie in zylindrische

Stahlbehälter und hievten die Behälter in das Fahrwerk der Flugzeuge. […] *Als die Bomber zu ihrem Stützpunkt zurückkamen, wurden die Stahlzylinder aus den Gestellen genommen und zurück in die Vereinigten Staaten von Amerika verfrachtet, wo Fabriken Tag und Nacht damit beschäftigt waren, die Zylinder zu demontieren und den gefährlichen Inhalt in Mineralien zu scheiden. Rührenderweise waren es hauptsächlich Frauen, die diese Arbeit verrichteten. Die Mineralien wurden dann zu Spezialisten in abgelegenen Gebieten verschifft. Es war ihre Aufgabe, sie im Boden zu vergraben, sie geschickt zu verstecken, so daß sie niemandem mehr Schaden zufügen konnten.*«[26]

Abb. 29: Kurt Schaarschuch & Abb. 30: Stefanie Elsel; Dresden, Blick auf die Frauenkirche unmittelbar nach und viele Jahre nach ihrer Zerstörung.

Wir danken Alma (vorher) und Hannah Amalia (nachher) für ihre Geduld mit uns.

Anmerkungen

1 Gespräch mit Lars Bromley, 28 Januar 2013.

2 William Fenton, *Why Google Earth Pixelates Israel* in: PCMag Juni 2011. https://uk.pcmag.com/news/107119/why-google-earth-pixelates-israel.

3 Mary Warner Marien, *Photography – A Cultural History,* London, 2006, S. 44–45.

4 »*Marville ging dabei methodisch vor: Vor Beginn der Arbeiten machte er von jeder Straße, die verschwinden sollte, zwei Aufnahmen aus zwei verschiedenen Blickwinkeln. Anschließend fotografierte er die Stätte in jeder der aufeinanderfolgenden Bauphasen und zeichnete so den Grundriss dessen, was neu entstehen sollte.*« aus Maria Morris Hambourgs Einleitung zu: Chambord, Jacqueline (Hg.), *Charles Marville: Photographs of Paris, 1852–1878,* New York, 1981, S. 9. Übersetzung MG.

5 Ebd., S. 10.

6 Susan Sontag, *Das Leiden anderer betrachten,* München, S. 63f.

7 Errol Morris, *Believing Is Seeing,* London, 2011.

8 Ebd., S.64. Übersetzung MG.

9 Greg Siegel, »The Similitude of the Wound«, in: Eyal Weizman (Hg.), *Cabinet Magazine,* Nr. 43, Sonderausgabe zu *Forensics,* New York, 2012.

10 Laura Kurgan, *Close up at a Distance: Mapping, Technology and Politics,* New York, 2013. Siehe auch www.l00k.org.

11 »Die Öffentlichkeit konnte, mittels hochauflösender Bilder von Massengräbern, Geflüchteten in den Bergen, brennenden Dörfern und organisierten Deportationen quasi zuschauen, wie ethnische Säuberungen durchgeführt wurden.« Aus: Laura Kurgan, *Close up at a Distance,* S. 117. Übersetzung MG.

12 Andrew Herscher, »Envisioning Exception, Satellite Imagery, Human Rights Advocacy, and Techno-Moral Witnessing«, Vortrag am Centre for Research Architecture, 4. März 2013. Herschers Vortrag, der zwar zu spät gehalten wurde, um in diesem Beitrag ausführlicher behandelt zu werden, hat bei der Bearbeitung eine wichtige Rolle gespielt. Er war Teil einer Seminarreihe zu Satellitenbildern mit dem Titel *Sensing Injustice,* organisiert von Susan Schuppli und Forensic Architecture. Auch andere Beiträge waren bei der Ausarbeitung dieses Aufsatzes hilfreich, darunter die Beiträge von Lars Bromley, John Palmesino und Ann-Sofi Rönnskogs sowie Laura Kurgans Vortrag »Close up at a Distance«.

13 Andrew Herscher, »Envisioning Exception«.

14 Gespräch mit Lars Bromley, 28 Januar 2013.

15 Diese Informationen stammen aus einer Untersuchung über Drohnenangriffe in Pakistan, die von Forensic Architecture unter Leitung von Eyal

Weizman im Auftrag des UN-Sonderberichterstatters für Menschenrechte durchgeführt wurde. Zu den Teilnehmenden gehörten Susan Schuppli, Situ Studio, Chris Cobb-Smith, Francesco Sebregondi, Blake Fisher, Helene Kazan und Jacob Burns. Siehe auch: http://www.forensic- architecture.org/investigations/drone-attacks/.

16 Die Datierung des Beginns des Anthropozäns ist umstritten; Curzon schlägt als Zeitpunkt die zweite Hälfte des 18. Jahrhunderts und die Erfindung der Dampfmaschine vor, andere datieren ihn sogar einige Jahrtausende zurück zum Beginn der Landwirtschaft und der Besiedlungen in der Antike.

17 Robert Wellman Campbell, »Phnom Penh, Cambodia: 1973, 1985«, 2001. https://cityofwater.wordpress.com/2011/06/22/earth-shots/. Bilder: *Satellite Images of Environmental Change*. U.S. Geological Survey. Quelle: http://earthshots.usgs.gov.

18 Kimmo Kiljunen (Hg.), *Kampuchea: Decade of the Genocide: Report of a Finnish Inquiry Commission*, London, 1984. Die finnische Untersuchungskommission schätzt, dass in der ersten Phase bei einer Bevölkerung von über sieben Millionen etwa 600.000 Menschen starben und zwei Millionen flüchteten. Für die zweite Phase hält sie 75.000 bis 150.000 Hinrichtungen und etwa eine Million Tote durch Mord, Hunger, Krankheiten und Erschöpfung für eine »realistische Schätzung«. Zur finnischen Kommission siehe auch: Edward S. Herman und Noam Chomsky, *Manufacturing Consent: The Political Economy of the Mass Media* London, 1994, S. 260.

19 Auf Basis der Interpretation dieser beiden Bilder entstand eine politische Debatte zwischen »Anti-Imperialisten«, die die US-Bombardements in Vietnam und Kambodscha als Teil der US-Herrschaft ablehnten – am klarsten von Noam Chomsky vertreten –, und den »Anti-Totalitaristen«, die in den Roten Khmer eine totalitäre Bedrohung sahen, die eine internationale Intervention erforderte. In den späten 1970er und frühen 1980er Jahren fiel die Aufdeckung der Massaker der Roten Khmer im Namen einer ländlichen Utopie – dem Versuch, die Grundlagen des Raums neu zu ordnen und die Trennung zwischen Stadt und Land vollständig aufzuheben, der in der Räumung von Phnom Penh gipfelte – mit der Veröffentlichung von Alexander Solschenizyns *Der Archipel Gulag* zusammen. All diese Dinge enthüllten auf ihre Weise den Schrecken des totalitären Kommunismus und begründeten seine Ablehnung innerhalb Europas zugunsten der Hinwendung der radikalen Linken zu einer antiutopischen Menschenrechtsbewegung mit begrenzteren Zielen.

20 Aus dem *GIS & Remote Sensing Project Darfur* der Universität Yale. Quelle: https://gsp.yale.edu/case-studies/sudan/maps-satellite-images/tracking-genocide-darfur-population-displacement-recorded.

21 Ebd. Übersetzung MG.

22 Der Ausdruck »Zeitalter der Zeugenschaft", stammt von Shoshana Felman. Vgl. »Im Zeitalter der Zeugenschaft: Claude Lanzmanns Shoa«, in: Ulrich Baer (Hg.), *›Niemand zeugt für den Zeugen‹. Erinnerungskultur und historische Verantwortung nach der Shoah.* Frankfurt am Main, 2000, S. 173–193. Siehe auch: Shoshana Felman und Dori Laub, *Testimony: Crises of Witnessing in Literature, Psychoanalysis, and History,* London, 1992.

23 Ines Weizman (Hg.), *Architecture and the Paradox of Dissidence,* London, 2013.

24 Robert Smithson, *Hotel Palenque*. Siehe auch: https://holtsmithsonfoundation.org/robert-smithson-hotel-palenque-1969-72.

25 Kurt Schaarschuch, *Bilddokument Dresden: 1933–1945,* Dresden, 1946.

26 Kurt Vonnegut, *Schlachthof 5*, Berlin 1976, S. 81.

»In der Lücke zwischen den Bildern«

Eyal und Ines Weizman
im Gespräch mit Marie Glassl

Marie Glassl: Ich würde gerne mit einer ganz einfachen, aber grundlegenden Frage beginnen: Wieso Vorher-Nachher-Bilder? Woher kamen euer Interesse an dem Thema und die Idee zur Publikation *Vorher & Nachher*?

Ines Weizman: Vorher-Nachher-Fotografien sind stets unmittelbar verbunden mit einem spezifischen Ort und dessen Veränderung. Die Geschichte der Vorher-Nachher-Bilder führt uns direkt zu den Anfängen des fotografischen Mediums und seiner Instrumentalisierung. Vorher-Nachher-Fotos sind architektonische oder urbane Darstellungen von in Veränderung befindlichen Zuständen – also stets ein Start- oder Ausgangspunkt.

Eyal und ich teilen eine grundlegende Faszination für fotografische Sammlungen, Dokumentaraufnahmen und Konzepte des Archivierens und Sammelns. Vor vielen Jahren haben wir mit der Arbeit an unserem *celltexts project* begonnen, einer

Sammlung von über fünfhundert im Gefängnis geschriebenen Büchern, für die wir auch einen Online-Bibliothekskatalog und eine Ausstellungsinstallation entwickelt haben. Beim Lesen und Recherchieren, aber auch beim Ein- und Auspacken und Sortieren der Bücher dieser Bibliothek konnten wir verschiedene Ordnungssysteme und Taxonomien erforschen. Zahlreiche der Bücher stammen von sowjetischen Dissident:innen, die viele Jahre in Haft verbracht haben. Es ist erschreckend, wie sich die gewaltsame Unterdrückung von oppositionellen Stimmen in den Straf- und Arbeitslagern auch im heutigen Russland fortsetzt. Leider wächst die Zahl dieser *Zellentexte* ständig weiter, auch wenn zugleich immer weniger Schriften oder Botschaften ihren Weg aus den Gefängnissen heraus in die Öffentlichkeit finden.

Eyal Weizman: Ein anderes Beispiel dafür war unsere Untersuchung des Sednaya Militärgefängnisses in Syrien gemeinsam mit Lawrence Abu Hamdan. Wir versuchten, die unmenschlichen Bedingungen dort und die Architektur des Gefängnisses gemeinsam mit ehemaligen Insass:innen zu rekonstruieren, deren Erinnerung auf Grund der Dunkelheit vor allem auf Geräuschen basierte. Das Gefängnis wurde in den 1970er Jahren von Architekten aus Ostdeutschland entworfen und gebaut.

Ines: Das scheint auf den ersten Blick vielleicht wenig mit Vorher-Nachher-Bildern zu tun zu haben, aber unsere Arbeit zu Gefängnissen hat eine enge Verbindung zu Ostdeutschland und meinen Forschungen über Dissident:innen und Aktivist:innen in der Sowjet-Ära der 1970er und 80er Jahre. Eine Geschichte, die nach dem Fall des Eisernen Vorhangs und der Wiedervereinigung Deutschlands nie wirklich aufgearbeitet wurde.

Marie: Bist du im Rahmen dieser Recherchen auf die Fotobände mit den Vorher-Nachher-Darstellungen ostdeutscher Städte gestoßen, über die ihr im Buch schreibt, und die eine Zeitlang so allgegenwärtig waren?

Ines: Ja, denn ihr Auftauchen hat mich überrascht. Es ist in gewisser Weise nachvollziehbar, dass Forschungen zum Zusammenbruch des Sowjetregimes inmitten der Euphorie über die neuen wirtschaftlichen und kulturellen Möglichkeiten nicht übermäßig interessant waren. Andererseits wurden während der 1990er und frühen 2000er Jahre viele Archive und Bibliotheken zerstört, zahlreiche Menschen hatten ihre Arbeit verloren, es entstand ein enormes kulturelles Vakuum. Das Medium der Vorher-Nachher-Bilder scheint sich dieses Vakuum zu eigen gemacht zu haben.

Marie: Das ist ein spannender Gedanke... Waren Vorher-Nachher-Bilder also ein Mittel, um Erinnerungen und deren Bewahrung und Archivierung zu ersetzen oder zu verändern?

Ines: Vielleicht muss ich dazu eine persönliche Anekdote erzählen. Ich glaube, mein erstes Interesse an Vorher-Nachher-Bildern begann mit einem Buch in unserer Familienbibliothek, das mein Vater häufig mit mir ansah, *Bilddokument Dresden: 1933–1945* von Kurt Schaarschuch. Wir schreiben darüber auch in unserem Text. Es ist ein Band mit Vorher-Nachher-Fotos, die Dresden vor und nach der Zerstörung durch die britischen Luftangriffe von 1945 zeigen, in deren Folge auch die berühmte Dresdner Frauenkirche eingestürzt war.

Das Bild der verfallenen Kirche war mir vertraut, denn bis Mitte der 1990er Jahre war sie als Trümmerhaufen, im Zustand ihrer Zerstörung, fast unberührt geblieben. In der DDR galt die Ruine als Mahnmal des Krieges. Erst in der wiedervereinigten Bundesrepublik beschloss man, die Kirche wiederaufzubauen. Und so verschwand dieses Denkmal – ein eindrückliches Mahnmal für die Folgen der Schrecken des Faschismus. Auf Postkarten und im Geschichtsunterricht in der DDR wurde sie immer aus einem ganz bestimmten Blickwinkel dargestellt. Was mich an den Fotografien von Schaarschuch so fasziniert hat, war, dass er eine völlig andere Perspektive einnahm. Der Fotograf hatte Mitte der 1930er Jahre seine Kamera in größerem Abstand von der Kirche aufgestellt, sodass die Skulpturen von zwei Jungen im Vordergrund standen, die auf der Treppe zum Johanneum positioniert waren. Die Figur, die dem Fotografen am nächsten steht, trägt einen kegelförmigen Hut.

Und was für ein schöner Zufall: Anders als die Kirche, hatten die beiden Figuren den Luftangriff unbeschadet überstanden und halfen Schaarschuch anschließend, die Perspektive des ersten Bildes inmitten der Trümmer wiederzufinden. Die unterschwellige Botschaft dieses Buches war das Versprechen des Wiederaufbaus der zerstörten Stadt.

Marie: War das damals ein Versprechen für die perfekte Rückkehr einer romantisierten Vergangenheit? Ein »Zurück zu dem, was war« oder vielmehr ein Versprechen, aus den Ruinen der Vergangenheit eine neue glorreiche Zukunft aufzubauen? Und was hat dich dazu gebracht, den objektiven oder rein dokumentarischen Status dieser Vorher-Nachher-Fotos in Frage zu stellen?

Ines: In der unmittelbaren Nachkriegszeit entstand aus dem Kriegstrauma heraus der Wunsch, die Städte so wieder aufzubauen, wie sie vor dem Krieg waren. Selbst wenn eine Kirche wie die Frauenkirche völlig zerstört war, bestand der erste Instinkt darin, die wenigen verbliebenen Steine und architektonischen Details aufzusammeln und so einzulagern, dass sie wieder neu zusammengesetzt werden konnten. Erst einige Zeit später, mit dem Projekt zum Aufbau der Nation setzte sich die Idee durch, die zerstörten Stätten als Ausgangspunkt für die Gestaltung einer zukünftigen Stadt zu nutzen und die Vergangenheit zu begraben.

Als ich Anfang der 2000er Jahre mit meiner Doktorarbeit begann, in der ich die enormen Veränderungen des Alltagslebens und die Folgen des Mauerfalls in Kunst, Architektur und Urbanistik beschreiben wollte, verspürte ich ein gewisses Unbehagen gegenüber diesen Vorher-Nachher-Stadtmonografien, die damals überall zu den ehemaligen ostdeutschen Städten entstanden waren. *Berlin: Vorher und Nachher, Leipzig: Vorher und Nachher, Erfurt: Vorher und Nachher, Dresden: Vorher und Nachher...* Meinen allerersten Vortrag über diese Forschung hielt ich auf einer Konferenz in der *Architectural Association*, auf der wir uns kennengelernt haben. Eyal war sofort eingeschlafen als das Licht ausgeschaltet wurde, und so entstand unser ganz persönlicher Vorher-Nachher-Witz.

Diese Monografien, die Ende der 1990er Jahre in den neuen Bundesländern entstanden, waren häufig von staatlichen Institutionen oder Gemeinden finanziert. Sie basierten immer auf der Gegenüberstellung eines Fotos der Stadt vor 1989 und eines

Fotos desselben Ortes etwa zehn Jahre später in seinem frisch renovierten Zustand. Auf gegenüberliegenden Buchseiten als Sequenz von Vorher und Nachher präsentiert, mussten diese Bilder einen möglichst dramatischen Effekt erzielen, um der radikalen Veränderung, die stattgefunden hatte, gerecht zu werden.

Diese fotografischen Gegensätze ließen die Straßen, Häuser, Höfe und Denkmäler, die einst den vertrauten Hintergrund unseres Lebens bildeten, unangenehm zerfallen, grau und schmutzig aussehen. Ich sage das mit einem leicht sarkastischen Unterton, aber nach der Wiedervereinigung sprach man überall vom »schlechten Zustand der ostdeutschen Städte«, und wir waren uns einig, dass »es noch viel zu tun gibt« – ganz so, als hätten wir uns über Nacht das angeeignet, was man als Voraussetzung der Verwestlichung bezeichnen kann: den westlichen Blickwinkel. Der Moment der Transformation begann nicht mit dem Legen des ersten Ziegels oder dem Tünchen der alten grauen Wände, sondern mit der Übernahme einer neuen Perspektive, die sich in der Logik des Vorher-Nachher-Fotos darstellte.

Etwas fehlte in diesen Veröffentlichungen und der Rhetorik des »westlichen Blicks«, etwas war abwesend in dieser Form der vereinfachten und ideologischen Erzählung.

Marie: Es klingt fast so, als habe man die Geschichte ungeschehen machen oder ausmerzen wollen, oder? Diese Neuordnung des Vorher nach den Wünschen und ideologischen Maßstäben des Nachher ist ja viel eher Manipulation, denn Dokumentation. In eurem Buch sehen wir aber nicht nur zwei Vorher-Nachher Bilder, sondern drei verschiedene Fotos der Dresdner Frauenkirche – wie kam es dazu?

Ines: Ja, ich habe Stefanie Elsel, eine ehemalige Studentin von mir, gebeten, den fotografischen Blickwinkel von Kurt Schaarschuch nachzustellen. Die vielen Vorher-Nachher-Stadtmonografien zeigen, wie die Fotografie ihre eigenen Interpretationen des Stadtbildes schuf und zur Umschreibung und Korrektur der Geschichtsschreibung beitrug. Sie stellte die Stadtentwicklung nicht als Fortsetzung der Vergangenheit dar, sondern als einen Prozess, der in deutlich dialektischem Gegensatz zu dieser stand. Die Vorher-Nachher-Fotografie nach der Wiedervereinigung ist paradigmatisch für die deutsche städtebauliche Entwicklung, die den rasanten ideologischen Wandel, die »Revolutionen« und Restaurationen zu bezeugen und zu illustrieren versuchte. Diese Bilder der Stadt zeigen nicht nur die Veränderung des Ortes, sondern auch eine neue Ideologie. Während also das *Vorher* als trist, alt und hoffnungslos dargestellt wurde, sollte das *Nachher* eine neue Ära und den politischen Aufbruch des Landes repräsentieren. Doch innerhalb ihrer eigenen zeitlichen Logik führt diese Praxis zur paradoxen Verwirrung der Epochen. Wenn frisch renovierte bonbonfarbene Stadthäuser aus dem 19. Jahrhundert neben Schnappschüssen der grauen, strengen Struktur der sozialistischen Stadt stehen, ist es, als sei dem ursprünglichen Vorher ein unglaublicher chronologischer Coup gelungen, indem es sich nicht vor, sondern nach dem Nachher-Bild neu positioniert. Diese Fotografien manipulieren die Vergangenheit: Was in dieser Lücke zwischen dem Vorher und dem Nachher passiert, ist eine Auslöschung oder Diskreditierung der ostdeutschen und sowjetischen Architektur und der gesellschaftlichen und gemeinschaftlichen Vision ihrer Stadtplanung.

Heute, über dreißig Jahre später, hat der neoliberale Urbanismus eine Art zeitliche Dyslexie produziert. Und vielleicht müssen wir eine Verbindung ziehen zwischen den konservativen Werten, die sich in den kleinbürgerlichen oder aristokratischen Architekturen von Schlössern und restaurierten mittelalterlichen Stadtzentren zeigen, und einer populistischen politischen Landschaft, die gegen Migration, Moderne und Globalismus gerichtet ist.

Mein Vater hat mir diese Bilder immer als Warnung vor den Folgen eines politischen Systems wie dem Nationalsozialismus nahegelegt. Es beunruhigt mich, dass viele in Dresden, vor allem aus der neuen radikalen Rechten, diese Bilder nun als Rechtfertigung für deutsches Leid sehen und dass die ersten Demonstrationen der rechtsradikalen Partei AfD gerade vor dem wiederaufgebauten historischen Ensemble der Frauenkirche stattfanden...

Marie: Es wäre faszinierend, der Frage nachzugehen, wie diese Orte fast schon von der Geschichte heimgesucht werden und ob Wiederaufbau zu architektonischer und politischer Restauration führt... Eyal, woher kam dein Interesse an Vorher-Nachher-Bildern und gibt es da einen direkten Zusammenhang zu der Arbeit von Forensic Architecture?

Eyal: Offensichtlich kam mein Interesse daran über die Arbeit von Ines. Unser Nachdenken über Vorher-Nachher-Bilder begann lange bevor ich Forensic Architecture gegründet hatte. Aber als es so weit war, wurde mir klar, dass Vorher-Nachher-Bilder der Ausgangspunkt jeder Untersuchung von urbanen Ereignissen sind. Wir können Vorher-Nachher-Fotos als die Schnittstelle zweier Technologien im Moment ihrer Transformation begreifen. Die ersten Vorher-Nachher-Fotografien, die wir gefunden haben, entstanden in der Mitte des 19. Jahrhunderts, genau in dem Moment, in dem sich die Städte am radikalsten veränderten. Die moderne Stadtplanung, wie wir sie heute kennen, beginnt mit der Systematisierung der Infrastruktur. Die Stadt wird so zu einer Art Technologie.

Gleichzeitig entsteht die Fotografie als Dokumentationsmedium. Die moderne Stadt und die Kamera tauchen als Zwillingstechnologien auf, und von diesem Moment an ist ihre Geschichte eng miteinander verwoben. Jedes Verständnis der Verbindung zwischen Fotografie und Stadt muss seitdem mit Vorher-Nachher-Bildern beginnen. Sie sind der erste Baustein der Analyse urbaner Ereignisse, wie wir sie mit Forensic Architecture vornehmen: Dies ist die Situation vor einem Mord. Hier ist sie danach. Hier ist die Situation vor einem Bombenanschlag. Und hier ist das Gebäude danach. Wir haben festgestellt, dass Vorher-Nachher-Bilder ein Versuch sind, ein Ereignis mittels Architektur zu erfassen: Das Ereignis fehlt – aber gleichzeitig wird durch die beiden Bilder, zwischen denen es eingeklammert ist, auf das Ereignis verwiesen.

Marie: Ihr beginnt eure Analyse also mit den frühen Stadien der Fotografie. Worin liegt die spezifische Beziehung zwischen dem Vorher-Nachher-Bild und der Entwicklung der Technologie der Fotografie selbst?

Eyal: Die Belichtungsdauer früher Fotografie war extrem lang, dadurch wurden alle Personen, die sich vor dem Objektiv bewegten, unsichtbar. Diese Art von Kamera kann keine Schnappschüsse aufnehmen. Eine der berühmten allerersten Daguerreotypien zeigt eine Straßenszene auf dem Boulevard du Temple in Paris, auf der niemand zu sehen ist, weil alle Personen in Bewegung durch die lange Belichtung ausgelöscht wurden. Die einzigen beiden Personen, die wir sehen, sind ein Mann, der sich die Schuhe putzen lässt, und der Schuhputzer. Bereits hier sind in der Fotografie die Arbeitsbeziehungen, die der Stadt zugrunde liegen, festgehalten. Sie zeigt die Stadt als Technologie sozialer Hierarchien.

Wir müssen untersuchen, wie sich ein Ereignis – ein auslöschendes Ereignis oder ein Ereignis, das Spuren hinterlässt, ein politisches Ereignis oder politischer Wandel – durch architektonische Veränderungen manifestiert. Vorher und Nachher, Zustand A und Zustand B. Wir müssen das Delta zwischen diesen Punkten als Prozess oder als Ereignis lesen.

Forensische Architektur ist genau an dieser Schnittstelle zwischen Fotografie und Raum, zwischen 3D-Modellierungen der Stadt und den ihr inhärenten Medien angesiedelt. Deshalb musste ich, als ich Forensic Architecture gegründet habe, Ines erneut nach den Vorher-Nachher-Bildern fragen, mussten wir noch einmal neu über diese nachdenken. Weil ich das Gefühl hatte, dass in ihnen der Schlüssel zum Verständnis dieser Schnittstelle von Medien und Stadt liegt, die die Grundlage der Arbeit von Forensic Architecture bildet.

Ines: Bei Walter Benjamin finden wir das Konzept der dialektischen Bilder, die erscheinen, während »*das wahre Bild der Vergangenheit [vorbei]huscht*«. Die Vergangenheit, die nur »*eben aufblitzt*« ähnelt jener unwillkürlichen, durch eine bestimmte Empfindung ausgelösten Erinnerung, die in Prousts Schreiben so einmalig eingefangen ist. Aber für Benjamin erscheint die dialektische Idee in dem Moment, in dem die Bewegung des Denkens zum Stillstand kommt. Diese »*Zäsur in der Denkbewegung*« entsteht nicht zufällig, sondern dort, »*wo die Spannung zwischen den dialektischen Gegensätzen am größten ist*«. Über die Entwicklung der Dialektik im Stillstand schreibt er in seinem Essay *Paris, Hauptstadt des 19. Jahrhunderts,* für den er bis zu seinem Tod unablässig Material sammelte und Fragmente verfasste. Dort verweist Benjamin auch auf die Bedeutung der frühen Daguerre-Fotografie und die Tatsache, dass diese neue fotografische Technik quasi mit dem Brand des berühmten Daguerre'schen Dioramas im Jahr 1839 in eins fällt.

Daguerre hatte die Szene des Schuhputzers sowie weitere Aufnahmen des Boulevard du Temple vom Dach des Panoramatheaters aus aufgenommen. Als das Feuer ausbrach, breiteten sich die Flammen aufgrund der leicht brennbaren Materialien so schnell aus, dass das gesamte Gebäude innerhalb einer halben Stunde einstürzte.

Das erinnert an Paul Virilios Theorie des Unfalls als Topos der Moderne. Jede Erfindung birgt auch ihre eigene Negativität in sich. Die Erfindung des Zuges enthält das Zugunglück, die Erfindung des Flugzeugs den Flugzeugabsturz. Auch die Fotografie birgt diese Negativität, ein Moment des Todes. Susan Sontag schrieb über die Fotografien von Menschen, die ständig vom Tod heimgesucht zu werden scheinen. Wenn wir Bilder von Aufklärungsflügen ansehen, dann implizieren diese bereits die Verwundbarkeit ihres eigenen potenziellen Abschusses. Fotografien sind oft der einzige Beweis für die Existenz eines Ortes. Der Akt, einen bestimmten Moment in einem Bild festzuhalten, impliziert bereits dessen – vielleicht willentliche – Zerstörung zugunsten eines »Nachher«.

Marie: Ich frage mich, ob es nicht einen grundlegenden Unterschied zwischen euren Lesarten der Beziehung zwischen dem Vorher und Nachher oder dessen Bewertung gibt? Ines, in deinen Beispielen etabliert das Nachher-Bild eine neue Norm; die Erfindung einer besseren oder schöneren, quasi fiktiven Vergangenheit. Die Manipulation oder Beschönigung einer Geschichte, die tatsächlich anders war. Eyal, wenn wir hingegen einen Bombenanschlag, ein Ereignis von Zerstörung und Gewalt betrachten, so scheint das Vorher der friedlichere, der bessere Ort, der jedoch im Akt der Auslöschung für das Nachher verloren ist.

Kommen eure Lektüren von Vorher-Nachher-Bildern also aus unterschiedlichen Richtungen oder liegen sie an verschiedenen Orten auf jener Linie, die Restauration und Zerstörung miteinander verbindet?

Eyal: Das ist ein interessanter Ansatz. Natürlich ist in meiner Arbeit, schematisch betrachtet, das Vorher besser als das Nachher. In Ines' Fällen scheint das Nachher häufig besser als das Vorher. Trotzdem würde ich behaupten, dass auch in der Transformation postsowjetischer Städte zwischen dem Vorher und dem Nachher ein Verbrechen begangen wurde – auch wenn es scheinbar besser aussieht. Das ist, etwas überspitzt gesagt, das Verbrechen des kapitalistisch-kolonialen Urbanismus und jener Auslöschung, die mit der Eingliederung des Ostens in den Westen und der Umgestaltung seiner Vergangenheit einhergeht. Die Vorstellung, dass »alles Gold ist, was glänzt« ist keineswegs neutral; sie ist eine ideologische Indoktrinierung.

Das Ereignis findet stets in der Lücke zwischen den Bildern statt. Wir haben zwei Fotos von einer Oberfläche: zuerst nass, dann trocken. Aber der eigentliche Prozess vollzieht sich als graduelle Veränderung, auch wenn es vielleicht einen Moment des Umschwungs gibt, den wir nicht genau erfassen können. Die Metapher von langsam verdunstendem Wasser ist hilfreich für die Betrachtung urbaner und ideologischer Veränderungen in bereits vorhandenen Strukturen. Städte sind Ereignisse, keine Objekte.

In der Forensik sehen wir beides: die langsamen Verbrechen der Umweltveränderung, die häufig in Verbindung zu kolonialer Gewalt stehen, und Fälle, in denen wir das Verbrechen als plötzliches Ereignis begreifen. Sie sind sehr unterschiedlich, aber beide werden in Vorher-Nachher-Bildern oder in der Klammer zwischen diesen festgehalten. Sie lassen sich nie in einem einzigen Bild erfassen.

Ein Bild in der Fotografie ist sowohl Raum als auch Zeit: Es markiert nicht nur den Standpunkt, sondern auch die Temporalität der Kamera. Diese Ordnung ist immer eine politische Festlegung, sie hat ihre Ideologien, ihre militärische Logik, ihre Ökonomie usw. In Vorher-Nachher-Bildern versuchen wir den Blick auf ein Ereignis außerhalb dieses Rahmens und außerhalb dieser Ordnung zu lenken. Wir müssen fragen, wie wir über den Bildausschnitt hinausschauen können – und dies ist immer eine Frage der Wahrscheinlichkeit, von Schätzungen und Annäherungen; eine Ungewissheit, die im Kontrast zu dem steht, was scheinbar klar und deutlich aufgezeichnet wird.

Jede Bildinterpretation ist notwendigerweise politisch und ideologisch, aber das Lesen außerhalb des Bildhorizonts ist ein unglaublich wichtiger Teil dessen, was wir als Post-Fotografisches bezeichnen:

der Raum zwischen der unendlichen Multiplikation von Bildern, die von einer Vielzahl von Bildschirmen und anderen Projektionsmedien auf uns einwirken und mit uns verknüpft sind.

Über den Bildrahmen hinauszuschauen, heißt, diese Bilder zu verbinden. Ich denke, dass sich der Gegenstand der Fotografie von der Ordnung des Bildes auf den Blick über den Bildhorizont hinaus verlagert hat. Dieser entscheidende Wandel liegt bereits in Vorher-Nachher-Fotografien begründet: Dort ist nicht entscheidend, was sichtbar, sondern was unsichtbar ist. Der Übergang von Zustand A zu Zustand B. Es gibt unzählige Möglichkeiten, wie das geschehen kann, und die Imagination muss gerade den Raum dieser Leerstelle bewohnen.

Marie: Ines, du hattest angemerkt, dass Vorher-Nachher-Bilder eine neue »Art des Sehens« etablieren. Ähnlich wie Prozesse der Macht sind Vorher-Nachher-Bilder also produktiv, sie beeinflussen nicht nur *was*, sondern *wie* wir wahrnehmen und verstehen. Diese Lücke ist auch immer ein offenes Feld der Interpretation. Eyal, würdest du sagen, dass es einen Weg gibt Vorher-Nachher-Bilder zu umgehen? Können wir ein Medium, das so sehr unserer Interpretationsmöglichkeiten prägt, überhaupt vermeiden – oder müssen wir vielmehr versuchen seine hegemoniale Lesart zu hinterfragen?

Eyal: Nun, in gewisser Weise kann man Vorher-Nachher-Bilder nicht ignorieren. Wenn wir mediale Prozesse betrachten, sind wir immer mit ihnen konfrontiert.

Nehmen wir beispielsweise die Zeugenaussagen des Polizeibeamten, der Mark Duggan auf einer Straße in Tottenham erschossen hat. Der Tod von Mark Duggan im August 2011 hat einen der größten Proteste in der Geschichte Englands ausgelöst. Es gab keine Kameras und keine Fotos, aber in ihren Aussagen beschreiben die Polizeibeamten das Ereignis so, als würden sie ein Video betrachten. Ihre Vorstellung und Erinnerung war bereits fotografisch und videografisch strukturiert.

Der Beamte, der geschossen hat, sagte: Mein Blick schweift über den Tatort. Ich sehe Mark Duggan, ich zoome auf seine Hände und schaue weiter, meine Augen sind auf die Waffe in seiner Hand gerichtet. Er streckt die Waffe nach vorne. Er spannt seine Hand an. Ich denke, er will mich erschießen. Ich schieße einmal. Er hat die Waffe immer noch in seiner Hand. Ich schieße ein zweites Mal. Zwei Schüsse. Mark Duggan ist tödlich verwundet. Das Nächste, was ich sehe, ist, dass die Waffe verschwunden ist.

Die Waffe verschwindet zwischen zwei Bildern. 24 Bilder pro Sekunde: gleichgültig, ob in einem realen oder in seinem geistigen Video, dem Medium seines Zeugnisses. Zwischen zwei Bildern ist die Waffe verschwunden. Bei der Untersuchung von Mark

Duggans Tod war keine Waffe neben seinem Körper zu finden. Die Waffe ist das, was Alfred Hitchcock einen Mac Guffin nennt – das Objekt, das die Handlung vorantreibt. Sie jagen Mark Duggan, weil eine Waffe im Auto liegt. Sie sehen die Waffe, sie erschießen ihn wegen der Waffe. Der Polizeibeamte sieht eine Waffe – und plötzlich sieht er keine Waffe mehr, es ist wie ein Verschwinde-Trick in alten Kinofilmen.

Auch hier liegt das Ereignis zwischen zwei Bildern. Auch Videos sind Vorher-Nachher-Bilder. Die kleine Lücke zwischen den Aufnahmen gibt uns das Gefühl von Zeit. Wir haben zwei Bilder, und zwischen diesen liegt ein Sekundenbruchteil. Unser Gehirn füllt diese Lücke automatisch, weil die Bildrate auf die Geschwindigkeit und Fähigkeiten unserer neurologischen Wahrnehmung abgestimmt werden muss. Aufgrund unserer eigenen Begrenzung sind 24 Bilder pro Sekunde genug. In der Lücke zwischen dem Vorher und dem Nachher liegt der Kern der ganzen Geschichte. Wie konnten wir das Ereignis übersehen? Hat Mark Duggan die Waffe in einer 24stel Sekunde weggeworfen? Offensichtlich nicht. Wir müssen also davon ausgehen, dass die Waffe bewegt wurde, das Material manipuliert, Bilder hinzugefügt, gelöscht und herausgeschnitten wurden. Das entscheidende Bild zwischen dem Verschwinden der Waffe und dem späteren Auffinden der Waffe durch die Polizeibeamten fehlt. Und wieder liegt die politische Dimension der Lektüre in der Lücke zwischen Vorher-

und Nachher-Bild. Egal, in welchem Maßstab wir es betrachten, es bleibt immer eine Lücke in der Darstellung. Was uns Vorher-Nachher-Bilder lehren, ist, dass wir über den Bildrand hinausschauen und diese Leerstelle zwischen den Bildern betrachten müssen. In der Art und Weise, wie man Geschichte schreibt, diese einzelnen Punkte verbindet, oder diese Statements kritisiert, wie man sie interpretiert und verbindet, wie man den Raum zwischen ihnen füllt, darin liegt die Arbeit von Historiker:innen. Sie müssen ein Bild der Kontinuität zeichnen. Die Illusion von Bewegung ist Geschichte. Bewegung zwischen Vorher-und-Nachher-Datenpunkten.

Auch wenn wir nicht wissen, was passiert ist, müssen wir diese Lücke füllen. Dabei spielt es keine Rolle, ob es sich um 24 Bilder pro Sekunde oder um wenige, über zehn Jahre verteilte Datenpunkte handelt. Stets ist da diese Lücke, die wir füllen und uns imaginieren müssen. Und wir befinden uns inmitten dieses Aktes der Imagination.

Ines: Es gibt aber natürlich einen Unterschied zwischen der Verwendung von Vorher-Nachher-Bildern zur Illustration und ihrer Verwendung als Beweismittel. Die eine ist ideologisch oder polemisch, sie zielt darauf ab, eine viel komplexere Geschichte wirtschaftlicher, kultureller und politischer Veränderungen abzukürzen und zu simplifizieren. Deshalb müssen Historiker:innen in der Untersuchung von Fotografien von Architektur und Städten über ihren Tellerrand, über die Grenzen ihrer Sichtfelder hinausschauen. Sie müssen die Szene, die auf dem Bild abgebildet ist, ihren Blickwinkel, die Zeit, in der sie fotografiert wurde, oder die Hinweise, die in dem Bild versteckt sind, rekonstruieren und herauslesen. Ein gutes Beispiel dafür ist, dass die Fotografien von Charles Marville jahrelang als nostalgische Erinnerungsbilder des alten Paris gefeiert wurden. Erst als man die perspektivischen Standorte seiner Kamera mit dem Stadtplan verglich, zeigte sich, dass Marvilles fotografischer Blick den Plänen Haussmanns für den künftigen Wiederaufbau der Stadt gefolgt war. Seine Fotos waren bereits von dem Wissen geleitet, dass die Stadt im Begriff stand, sich zu verändern – eine vorwegnehmende Inszenierung von Ereignissen, die erst im Begriff waren, sich zu ereignen.

Marvilles Blick hatte die Gegenwart in die Zukunft verwandelt, lange bevor die Stadt tatsächlich zerstört und neu aufgebaut wurde.

Abb. 31 & 32: Charles Marville, Rue des Francs-Bourgeois Saint-Marcel und Boulevard St. Marcel, Paris 1853–1870.

Der fotografische Blick dokumentiert aber nicht nur, er manipuliert auch. Ein Beispiel dafür ist Roger Fentons berühmtes Foto Paar »Das Tal des Todes«. In unserem Text beziehen wir uns auf Errol Morris' Überlegungen zur Position der Kanonenkugeln in seinen Bildern, über die schon Susan Sontag in *Das Leiden anderer betrachten* geschrieben hat. Indem sie deren Unmittelbarkeit und eine mögliche Manipulation durch Fenton in den Blick nehmen, stoßen beide im Grunde auf die Frage, welches dieser Fotos das Vorher- und welches das Nachher-Bild ist.

Marie: Ich mag diese Stelle in eurem Text, weil Morris so unbedingt beweisen will, dass Sontag falsch liegen könnte. Er führt all diese umfangreichen Recherchen durch, weniger um zu beweisen, dass sie tatsächlich Unrecht hat, sondern um aufzuzeigen, dass die scheinbare Faktizität der Dinge eher eine minimale Wahrscheinlichkeit denn eine notwendige Wahrheit ist.

Wenn wir uns die Ursprünge des *vertikalen Blicks* anschauen und zum Beispiel zu Bertillons Polizeifotografien zurückgehen, dann beginnt diese Geschichte mit dem Wunsch, den Blick zu objektivieren. Die menschliche Perspektive und das Subjekt sollen aus dem Bild entfernt werden, während Morris gerade anzweifelt, dass die Fotografie jemals ein objektives epistemologisches Medium sein könnte... Das ist interessant, wenn man bedenkt, dass heutige Satellitenbilder oder Überwachungskameras absolute Neutralität versprechen und dass die menschliche Figur als Subjekt, Betrachter und Produzent immer mehr aus der zeitgenössischen Fotografie verschwindet – wenn auch auf ganz andere Weise als in den frühen Fotografien.

Abb. 33 & 34: Roger Fenton, *Crimean War Photographs. Panorama of the Plateau of Sebastopol in Eleven Parts*, Sewastopol 1855.

Ines: Fentons Bilder des Krimkriegs gelten als erste systematische Kriegsfotografien oder -dokumentationen. Das Merkwürdige ist, dass wir nie wirklich kriegerische Handlungen sehen. Fenton zeigt Häfen, Straßen und Landschaftsansichten, aber auch Truppen, militärisches Gerät, Mörserbatterien und Zelte. Aber keine Kampfszenen. Das macht Sinn, denn damals war die gesamte Technik der Fotografie extrem umständlich und prekär. Fenton war nicht nur mit seinem Wagen und seiner Ausrüstung unterwegs, er musste die Szene auch unter dem dunklen Tuch betrachten, das seine Lochkamera verdeckte. Seine Arbeit mit den Kanonenkugeln auf der Straße ist weniger klassische Kriegsfotografie als vielmehr

Zeugnis der Konstruktion eines Bildes zur Illustration und Dokumentation des Kriegsgeschehens.

Marie: Er zeigt vielmehr die Zeichen oder Spuren des Krieges als den Krieg selbst.

Eyal: Ja, und Morris' Feststellung, dass Kriegsfotografien inszeniert werden können, ist äußerst aktuell. Er verweist in Bezug auf Fentons Bilder auf die möglichen Ursprünge gefälschter oder manipulierter Bilder bereits in der Kriegsführung des 19. Jahrhunderts. Fenton nahm dieses Bild 1855 während des Krimkriegs um Sewastopol auf. Heute sind wir mit neuen Vorher-Nachher-Bildern aus demselben Gebiet konfrontiert, in dem sich das Tal des Todes befindet, oder zumindest ganz in der Nähe davon: Die Vorher-Nachher-Bilder der ukrainischen Angriffe auf das russische Hauptquartier der Schwarzmeerflotte. Wir befinden uns immer noch in demselben geografischen Gebiet, und auch unter Zuhilfenahme von Satellitenbildern lesen wir die Geschichte noch immer in Vorher-Nachher-Bildern. Die Problematik des *deep fake* gehört definitiv nicht der Vergangenheit an, sie ist heute noch viel dringlicher geworden.

Diese Lücke zwischen Vorher-Nachher-Bildern muss gefüllt und interpretiert werden, sie ist aber auch ein politischer Raum, der von unterschiedlichen Erzählungen besetzt werden kann. Einer der tragischsten Fälle der russischen Militärinvasion in der Ukraine war die Bombardierung des Theaters in Mariupol, die ebenfalls in verheerenden Vorher-Nachher-Aufnahmen festgehalten wurde. Vor dem Angriff sehen wir das Gebäude von oben, und das Wort »Kinder« auf beiden Seiten. Nach der Bombardierung ist nur noch der Schriftzug erhalten, während das gesamte Gebäude zerstört ist, mit Dutzenden und möglicherweise auch Hunderten von Opfern im Innern.

Dieses eine Ereignis wurde auf unterschiedlichste Weise interpretiert: Die russische Seite behauptete beispielsweise, der Anschlag sei als gezielt inszenierte Provokation von der Asow-Brigade verübt worden, einer neofaschistischen ukrainischen Gruppe von Kämpfern, die teilweise in den Streitkräften aufgegangen ist. Im Rahmen unserer Arbeit, die wir gemeinsam mit dem *Center for Spatial Technologies*, einer Rechercheorganisation aus Kiew, die aktuell teils bei uns in Berlin ansässig ist, durchgeführt haben, versuchen wir, alle Personen ausfindig zu machen, die sich zum Zeitpunkt der Anschläge dort aufgehalten haben könnten. Bei voller Auslastung war das Theater ein Schutzraum für bis zu 3 000 Menschen.

3 000 Menschen bewohnen dieses Gebäude, und in diesem Moment wird das Gebäude zu einer Stadt. Eine Stadt von der Größe eines Gebäudes. Das Theater hatte sein eigenes Parlament und Entscheidungsforum, es hatte ein Krankenhaus, eine Schule und eine Küche. All das bedeutet einen enormen logistischen Aufwand.

Abb 35–36: Mariupol Drama Theatre vor (14. März 2022) und nach (19. März 2022) dem russischen Luftangriff. Abb. 37: Mariupol Drama nach der Einzäunung durch russische Truppen, Dezember 2023.

Es geht erneut darum, den Raum zwischen dem Vorher und dem Nachher auszufüllen, diese politische Struktur, die in dem Bild-Paar aber unsichtbar bleibt. Wie kann man einen Raum bewohnen, von dem es keine Bilder gibt? Dass dieser Fall nur durch Vorher-Nachher-Fotos bekannt ist, liegt unter anderem daran, dass das russische Militär den Strom abgestellt und so das Laden von elektrischen Geräten verunmöglicht hat. Es gab keinen Strom, kein Signal und außerdem mussten alle, die nach dem Angriff die Stadt verlassen wollten, an den russischen Kontrollpunkten ihre Handys auf Fotos von den Ereignissen überprüfen lassen, deren Entdeckung zu Inhaftierungen oder schlimmerem führen konnten.

Es existieren also kaum Bilder aus dem Raum zwischen dem Vorher und dem Nachher des Angriffs. Dieser Raum und diese Stadt existieren nur an einem Ort: In den Köpfen der Menschen, die in dem Gebäude und der Stadt lebten. Eine Stadt, die auf erstaunliche Weise von dieser engagierten Gemeinschaft verwaltet wurde. Wenn wir in diesen Raum eintauchen wollen, müssen wir damit beginnen, diese *Community of Practice*, die dort – zwischen dem Vorher- und dem Nachher-Bild, in einem Moment der Krise und Kriegsdemokratie – existierte, neu zusammenzusetzen.

Im März 2024 sind zwei Jahre seit dem Angriff vergangen und das CST und wir haben immer noch nicht vollständig verstanden, was dort geschehen ist.

Marie: Seitdem ist ein weiteres Nachher-Bild aufgetaucht: das von russischen Truppen zerstörte Theater, eingezäunt und vor den Blicken der Welt verborgen. Ein Akt, der erneut Blindheit erzwingen und ein gewalttätiges Ereignis verdecken will... Es gibt einen anderen Fall in eurem Text, ein Bild-Paar aus Miranshah in Pakistan, bei dem kein Unterschied zwischen den Bildern erkennbar ist. Das ist ein interessantes Beispiel, denn bei allen anderen von euch herangezogenen Vorher-Nachher-Bildern können wir die Veränderung tatsächlich *sehen*, und es gibt eine Erklärung dafür, die wir nachvollziehen können.

Aber bei diesem einen Paar sind wir nicht in der Lage, die Veränderung oder ihr Ergebnis zu registrieren, hauptsächlich aus technischen Gründen. Beim Mariupol-Theater gibt es diese absichtliche, gewaltsame Auslöschung jeglicher Bilder, die möglicherweise etwas über die Lücke dazwischen aussagen könnten. Das bringt mich zur Frage der Zeugenschaft. In beiden Fällen haben Zeugen das Ereignis beschrieben, konnten sie den Ort des Verbrechens lokalisieren, selbst in einem Moment, in dem die technischen Mittel seiner Darstellung versagten. Was bedeutet das für eure Arbeit und wie hat sich dieser Faktor im Laufe der Zeit verändert?

Eyal: Zeugenaussagen gehören zu den wichtigsten Möglichkeiten, die Lücke zu füllen, wenn es keine Beweise und keine Spuren gibt. Manche Ereignisse finden dort statt, wo es weder Kameras noch Strom gibt, wo Fotos oder digitale Bilder fehlen, sofern man keine analoge Technologie zur Verfügung hat. Richtet man eine Kamera auf die Armee oder die Polizei, besteht die Gefahr erschossen zu werden, auch in Gefängnissen gibt es oft keine Dokumentation, und manche Formen der Folter hinterlassen keine Spuren. Oft muss man diese Geschehnisse also aus dem Gedächtnis rekonstruieren. Dann wird das Ganze noch komplizierter. Denn das Vorher-Nachher traumatischer Erinnerung ist ein äußerst kompliziertes und diffiziles Thema. Zunächst müssen wir fragen, was ist ein Trauma? Ich meine, wir alle erleben schwierige, manchmal schockierende Erinnerungen. Wir tragen sie mit uns herum. Die meisten von uns haben sich mit ihnen auseinandersetzen müssen, und manchmal kehren sie in Form von Flashbacks zu uns zurück.

Als Trauma fassen wir in unserer Arbeit einen Gewaltakt oder einen Schock, der so schwerwiegend ist, dass die Ordnung von Zeit und Erinnerung gestört wird. Es ist eine Gewalt, die ihre eigenen Spuren auslöscht. Das ist unsere Arbeitsdefinition von Trauma: Gewalt, die so stark ist, ein Erdbeben, das so extrem ist, dass die Instrumente, die ihre Stärke messen könnten, zerstört werden. Aber was bedeutet eine Gewalt, deren Ausmaß das Instrument ihrer Messung zerstört, wenn dieses Instrument die Erinnerung oder das menschliche Gedächtnis sind?

Wir arbeiten häufig mit Psychotherapeut:innen zusammen, um das zu verstehen. Wenn man ein schwer traumatisierendes Ereignis erlebt, schalten alle neurologischen Informationskanäle in den Überlebensmodus, es ist wie ein Alarm oder Panikknopf im Gehirn. Andere Teile des Gehirns, beispielsweise jene die das Vorher und Nachher oder das Nachher des Vorher verarbeiten, sind dann weniger aktiv. Daher wird eine traumatisierte Erinnerung sehr oft als etwas von Zeit und Raum Losgelöstes kodiert – etwas, das außerhalb der Zeit liegt.

Wenn man jemanden, der außerhalb der Zeit steht, zu den traumatischen Ereignissen befragen will, gerät man in diese unglaublichen Paradoxien. Je mehr man sich dem gewalttätigsten Teil des Erlebnisses nähert – der politisch oder juristisch häufig der wichtigste ist –, desto stärker zeigt sich die Auslöschung dieser Erinnerung. Die Menschen erinnern sich an das, was vor und nach dem Ereignis geschehen ist – aber das Ereignis selbst fehlt. Es gibt Möglichkeiten, es zu wiederholen und zu verarbeiten. Aber jede Form der Kodierung, sei es durch die Erinnerung oder die Fotografie, ist kompliziert und hat ihre eigenen Limitierungen und Grenzen. Es gibt keine einfache Lösung für die Frage der Abwesenheit.

Ines: Auch in der dokumentarischen Praxis, im Denkmalschutz und bei der aktivistischen Arbeit mit Zeugenaussagen kommen wir nicht umhin, ein Vorher-Bild zu suchen oder zu produzieren, das anschließend mit dem Zustand eines Ortes in der Zukunft verglichen werden kann. Wenn wir im *Centre for Documentary Architecture* an der Dokumentation historischer, oft von Zerstörung oder Umbau bedrohter Gebäude arbeiten, nutzen wir kartografische, archäologische, architektonische und forensische Methoden, um die Spuren größerer geopolitischer Prozesse im mikroskopischen, fast molekularen Maßstab ihrer Oberflächenmaterialität zu finden. Wir untersuchen historische Fotografien von Städten oder Gebäuden und versuchen, ihren gegenwärtigen Zustand festzuhalten – gerade, weil wir wissen, dass dem Ort eine Veränderung droht. Das ähnelt der Methode der Gesellschaften für historische Fotografie, die in der Mitte des 19. Jahrhunderts aus dem Wunsch entstanden waren, das zu dokumentieren, was akut vom Verschwinden bedroht war. Ein Reenactment der Perspektive historischer Fotografien oder der Wunsch, ein Gebäude und seine Geschichte in Erwartung ihrer Umgestaltung bewahren zu wollen, beinhaltet stets eine Art ungeschriebener Übereinkunft, einen Akt der Fürsorge. In den Anfängen der Fotografie glaubten die Menschen, dass Fotografien den abgebildeten Personen »die Seele nehmen« würden. Wenn ich an diese ostdeutschen Vorher-Nachher-Bände zurückdenke, dann ist dort das Vorher abwesend, ganz so, als sei ein Stück der Seele des Ortes gestohlen worden. Wenn wir versuchen, zu den Orten zurückzukehren, die wir fotografieren oder im Laufe der Zeit dokumentieren, vertrauen wir auf die Agentialität der Gebäude und an die Möglichkeit ihr Zeugnis wahrnehmbar zu machen.

Marie: Diese »materielle Zeugenschaft« ist ein sehr interessanter Aspekt eurer Arbeit. Ihr geht von ursprünglich vielleicht sehr unterschiedlichen Richtungen aus, die sich aber in dem Gedanken treffen, dass zwischen den Bildern etwas verloren gegangen ist, dass es dort eine Lücke gibt – das Ereignis –, das aufgespürt, gelesen und interpretiert werden muss, weil es weder im Vorher noch im Nachher vollständig erfasst werden kann. Gleichzeitig glaubt ihr zutiefst an die »Lesbarkeit« dieser Auslöschung, wie ein Palimpsest. Lässt sich sagen, dass Vorher-Nachher-Bilder in gewisser Weise das Unmögliche schaffen: Sie stellen nicht das Unsichtbare dar, sondern ermöglichen es das Abwesende sichtbar zu machen?

Ines: In einem meiner aktuellen Projekte habe ich die Fotografie eines modernistischen Gebäudes untersucht, das in den frühen 1930er Jahren von einem emigrierten österreichischen Architekten in Haifa gebaut wurde. Es wurde in den 1990er Jahren abgerissen, um Platz für ein neues Gebäude zu schaffen. Die Denkmalschutzbehörde der Stadt hatte dabei jedoch zur Bedingung gemacht, dass der neue Bau auch die Rekonstruktion des alten umfassen müsse. Dieser Wiederaufbau wurde ohne viel Rücksicht auf die ursprünglichen Gebäudedetails durchgeführt. Irgendwann wurden die Arbeiten aufgegeben, zurück blieb nur die riesige Betonhülle des alten Gebäudes. Das Faszinierende ist aber, dass diese versuchte Rekonstruktion des Gebäudes dazu führte, dass es kurz vor seinem Abriss umfassend dokumentiert wurde. Die Originalfotos waren verloren gegangen, also begann ich meine Suche mit einer Reihe von verblichenen Farbkopien. Unter den Aufnahmen fand ich ein auffälliges Detail aus dem Inneren, ein raumhohes Fresko einer französischen Trikolore, das wahrscheinlich aus den frühen 1940er Jahren stammte. Es war überraschend, ein französisches Symbol in einem Gebäude der britischen Mandatszeit zu finden. Ich konnte die Wandmalerei schließlich zu einem Auftritt der afroamerikanischen französischen Tänzerin Joséphine Baker zurückverfolgen, die mitten im Krieg nach Nordafrika und in den Nahen Osten gereist war. Die Geschichte von Baker war also irgendwie zwischen diesen beiden Gebäuden, ihrem Vorher und Nachher, versteckt.

Abb. 38: Bat Galim Casino, Haifa 1939. Abb. 39: Überreste einer Tricolore im Bat Galim Casino, Haifa 1994. Abb. 40: Ruine des Bat Galim Casinos, Haifa 2018.

Marie: Was können wir in solchen Fällen tun, in denen es keine Spuren mehr gibt? Sei es, weil sie wie in Mariupol vorsätzlich ausgelöscht wurden, oder weil sie einfach vergessen wurden und im Laufe der Zeit verblasst sind? Was tun, wenn das Vorher – oder sein Bild – völlig verloren gegangen ist, unter den Entwicklungen der fortschreitenden Geschichte begraben wurde oder vielleicht nie existiert hat, weil es außerhalb des Bereichs von Technologien der Bildgebung oder *aisthetischen* Registration operiert?

Eyal: Um das zu beantworten, möchte ich auf die Frage umweltlicher und kolonialer Gewalt zurückkommen und näher darauf eingehen, wie man sie in Vorher-Nachher-Bildern betrachten kann.

Wir untersuchen aktuell den deutschen Völkermord im ehemaligen Südwestafrika, dem heutigen Namibia. Dies war eine der wenigen Kolonien in Afrika, die Deutschland nach dem Berliner Kongress als Mandatsgebiet überlassen wurden. Ein später, aber extrem beschleunigter und brutaler Fall kolonialer Herrschaft, in Zuge dessen den indigenen Völkern in großem Ausmaß Land gestohlen wurde. Aufstände gegen die kolonialen Mächte wurde mit aller Gewalt niedergeschlagen. Nach einem Vernichtungsbefehl der Schutztruppe wurde ein Großteil der OvaHerero und der Nama ausgerottet.

Wir haben dort bereits Massengräber und Konzentrationslager, indigene Siedlungen und Dörfer, alte Friedhöfe und vieles mehr entdeckt. Aber die ökologischen und klimatischen Auswirkungen der Kolonisierung spielen eine besonders wichtige Rolle. Kolonisierung bedeutet umweltliche Veränderungen und in gewissem Maße Klimawandel. Namibia steht an der Spitze der weltweiten Entwicklung der Wüstenbildung, die dort sehr viel schneller voranschreitet als anderswo. Aus welchem Grund? Inwiefern hängen die Austrocknung fruchtbarer Flächen und die Verbuschung ehemals vielfältiger Weide- und Graslandschaften, mit dem Genozid zusammen?

Um uns das Vorher dieser Entwicklungen vorstellen zu können, mussten wir eine Idee davon bekommen, wie das Wetter – das Klima – im Jahr 1904, kurz vor dem Völkermord war, und wie es sich von heute unterscheidet. Aber wie macht man das, wenn man nichts als sehr wenige Wetterstationen zur Verfügung hat? Wir untersuchten also alte Fotos. Die meisten Bilder zeigen menschliche Figuren: einen deutschen Offizier auf einem Pferd oder indigene Szenen. Aber dahinter eröffnet sich eine ganze Landschaft: Büsche, Bäume, Gräser. Wenn wir untersuchen, wie hoch deren Dichte war, wie viel Wasser sie brauchten, können wir anhand einer räumlichen Analyse ihrer Verteilung zumindest ansatzweise den damaligen jährlichen Niederschlag rekonstruieren. Natürlich war die Kamera nur dort, wo die Kolonisten sie haben wollten, es gibt also weite Gebiete, die nicht dokumentiert sind. Die Kamera und das Gewehr der Kolonialmächte gingen Hand in Hand. Trotz allem wurde etwas festgehalten.

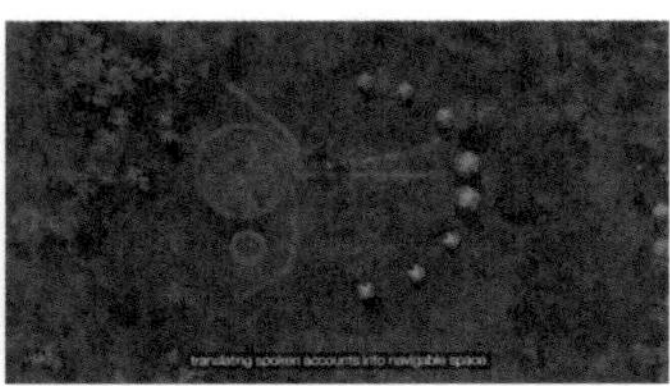

Abb. 41: Fotoabgleich mündlicher Zeugenaussagen und historischen Bildmaterials, Waterberg Namibia. Abb. 42: Rekonstruktion anhand überlieferter Erzählungen und Zeugnisse.

Wir haben also die alten Aufnahmen mit aktuellen Fotos verglichen und zugleich begonnen, die Vergangenheit durch mündliche Überlieferungen zu rekonstruieren. Wir arbeiten dafür mit großen Landschaftsmodellen und bitten die Menschen, sie anhand ihrer überlieferten und erzählten Erinnerungen an die frühere Landschaft zu ergänzen. Die Vermittlung zwischen diesen beiden Technologien ist für den Erfolg unserer Arbeit entscheidend.

Wenn wir Namibia heute betrachten, sehen wir eine unglaubliche Veränderung. Aber dieser Wandel kam nicht über Nacht. Wir verstehen den »Ökozid«, d.h. die vernichtenden ökologischen Faktoren des Völkermords, folgendermaßen: Die Vertreibung und Vernichtung der OvaHerero und Nama, die Beseitigung der Viehwirtschaft und die Abgrenzung der Gebiete durch Zäune haben zu langfristigen umweltlichen Zerstörungen geführt oder zumindest erheblich zu diesen beigetragen, die die Gegenwart mit der Vergangenheit verbinden. Umweltliche Gegebenheiten sind zeitübergreifend. Es handelt sich nicht bloß um Ereignisse, die in der Vergangenheit liegen, ihre Resonanzen reichen bis in die Gegenwart. Wenn man heute durch diese Landschaft geht und sich an den Dornen einer invasiven Art verletzt, dann ist dieser Kratzer eine direkte und materielle Verbindung zur Zeit des Siedlerkolonialismus und des daraus resultierenden Völkermordes.

Wenn wir das Vorher betrachten, gibt es noch ein anderes, theoretisches Problem. Das Vorher ist stets der Maßstab, die Norm an der das Nachher gemessen wird. Gleichzeitig ist das Vorher nie ein Zustand außerhalb der Herrschaft. Es ist kein Zustand unabhängig von Besatzung oder Gewalt, sondern stets Folge seiner eigenen Geschichte. Das Vorher ist nicht neutral. Diese Landschaft in den ersten Jahren der Kolonisierung war eine kultivierte Landschaft. Eine Landschaft, die die Kultur widerspiegelte, die in ihr lebte. Diese weite und offene Landschaft war für die indigenen Gemeinschaften in gewisser Weise ein Garten. Die Menschen waren sehr fürsorglich, interpretierten, verstanden und pflegten die Umwelt auf bestimmte Weise. Die Art, wie sie auf dieser Fläche lebten, zeigte sich in der Form ihrer Organisation. Es handelte sich also nicht um einen natürlichen Zustand, sondern um eine menschengemachte Umgebung, eine gestaltete Landschaft, und ihr Verlust gleicht dem einer Stadt – es ist ein archäologischer Verlust, denn auch Landschaft ist ein Stück gestaltete Kultur.

Wir sprachen darüber, wie Satelliten im zeitgenössischen Positivismus zu dieser fast selbstverständlichen technologischen Geste geworden sind. In Namibia konnten wir nur wenige Orte finden, in die die Kameras der Kolonisten uns Einblick gewährten und an die sich die Menschen erinnern konnten. Die einzige Möglichkeit dieses Projekt durchzuführen, bestand also – bildlich gesprochen – darin, Satelliten zurück in die Vergangenheit zu schicken, zurück ins Jahr 1893. Dazu haben wir mathematische Berechnungen, indigenes Wissen und Erinnerungstechniken verknüpft und mit Hilfe bestimmter Bodenaufnahmen den NDVI – den Vegetationsindex des Bodens – so dargestellt, wie sie ein Satellit im Jahr 1893 gesehen hätte.

Daran können wir sehen, dass uns die Kombination von Technologie und indigenem Wissen auf großartige Weise ansonsten unzugängliche Orte eröffnen kann.

Marie: Das ist extrem interessant, denn es bringt einen ganz anderen Aspekt der Werkzeuge ins Spiel, die ihr verwendet. In *Vorher & Nachher* betont ihr immer wieder, dass die Werkzeuge, mit denen wir lesen oder interpretieren, fast nie unabhängig von jenen sind, die Gewalt ausüben... Audre Lordes Frage, ob *die Werkzeuge der Herrschenden* jemals das Haus der Herrschenden zerstören können, ist auch heute noch unbeantwortet.

Das ist nach wie vor ein so simples wie unbestreitbares Argument. Die Interpretation der Lücke kann natürlich zu einem Akt der Gegenforensik werden. Sie kann eine offizielle Erklärung in Frage stellen, aber sie kann ebenso das Gegenteil bewirken... diese Technologien werden ebenso häufig eingesetzt, um Gewalt zu verbergen oder Ungerechtigkeiten zu vertuschen. Ich frage mich, ob wir – durch die Kombination dieser Mittel mit Zeugenaussagen und indigenem Wissen – auch in den Technologien der Interpretation neue Möglichkeiten entdecken könnten. Können diese Techniken das Ungleichgewicht in der Verteilung der Mittel und die Macht oder Hegemonie über die Lektüre irgendwie verändern?

Eyal: Vorher-Nachher-Fotografie ist nur ein Instrument unter vielen, um sich mit diesen Problemen auseinanderzusetzen. Ich glaube es ist zwingend, dass wir ein differenzierteres Verständnis von Technologien entwickeln, wenn wir uns mit diesen Fragen beschäftigen wollen.

Zum Beispiel tauchen Text und Schrift ungefähr gleichzeitig mit der landwirtschaftlichen Revolution auf, sie gehen mit Hierarchisierung, Sklaverei, Patriarchat und vielen anderen Dingen einher, ohne die wir besser dran wären. Aber wie jede Technologie kann auch die Schrift auf kritische Art und Weise genutzt werden. Kartografie ist ein weiteres Beispiel. Wir neigen dazu, den Kolonisten zu viel Raum zu geben, indem wir die Karte als koloniales Instrument verstehen, weil die Kolonisten sie benutzten. Tatsächlich gab es Karten aber schon lange vor dem Kolonialismus, und die Kartografie existierte bereits in zahlreichen Kulturen, bevor sie vereinnahmt und als Waffe eingesetzt wurde.

Bedeutet das, dass wir diese Mittel aufgeben müssen? Dass wir sie denjenigen überlassen sollten, die sie besetzt und sich angeeignet haben? Vielleicht sollten wir sie besser zurückfordern! Aber ich denke, wir müssen nuancierter über diese Dinge sprechen, denn sonst besteht die Gefahr, dass die kritische Nutzung von Technologien zu einer binären Sache wird: Die menschliche Stimme ist ein ebenso authentisches Medium wie die Registraturen der Kamera, von digitaler Bildgebung oder Satellitenbildern. Jedes Zeugnis ist per Definition ein vermittelter Prozess. Es gibt keine Zeugenaussage ohne einen Raum, ein Publikum, manchmal eine Kamera oder ein Mikrofon, und auch die Art und Weise, wie das Zeugnis konzipiert wird, ist stets bereits durch die Protokolle der Institution vorgegeben.

Es gab nie ein Zeitalter der Unschuld, des unvermittelten Nicht-Technologischen. Es gibt kritische Formen des Umgangs damit, es gibt revolutionäre und dekoloniale Formen des Umgangs mit Technologien. Aber ich denke, wir sollten vorsichtig damit sein, sie als unvermittelbare Alternativen zueinander darzustellen.

Einer unserer Partner in Namibia arbeitet daran, das geistige Eigentum indigener Kulturen zu schützen, wenn große Pharmaunternehmen versuchen, sich ihr Wissen zur Herstellung von Medikamenten zunutze zu machen. Das ist eine reale Frage der Aneignung, und diese Menschen fordern zu Recht einen Teil des Gewinns, der durch dieses traditionelle Wissen erzielt wird.

Die Tatsache, dass unzählige zeitgenössische Technologien indigenem Wissen verpflichtet sind, bedeutet, dass einige dieser Techniken ursprünglich nicht kolonial waren, bevor sie kolonisiert wurden. Wir müssen uns also fragen, wie wir dieses Wissen nutzen und anerkennen können.

Marie: Die Lektüre von Vorher-Nachher-Bildern, von Architektur und traumatischen Erfahrungen rekonstruiert einen leeren oder verlorenen Raum zwischen zwei Bildern. Welche Verbindung gibt es in den verschiedenen Feldern in denen ihr arbeitet zwischen dem Füllen dieser Lücke – im Sinne des Wiedererinnerns – und Heilung? Zwischen Rekonstruktion und Wiedergutmachung?

Eyal: Im zeitgenössischen Recht gibt es mittlerweile die Tendenz, die Lücke in der Erinnerung als eigenständiges Beweismittel zu verstehen. Diese Auslöschung wird durch einen Prozess verursacht, den Matthew Fuller und ich in unserem aktuellen Buch *Investigative Aesthetics** als *Hyperästhesie* bezeichnen.

Wir kennen das Phänomen der Anästhesie. Anästhesie bedeutet, dass man betäubt ist, nicht aufnahmefähig, während man in der Hyperästhesie

---

* Matthew Fuller & Eyal Weizman, *Investigative Ästhetik*, Zürich 2024.

übermäßig wahrnimmt. Es ist der Moment, in dem Informationen in einer Geschwindigkeit eintreffen, in der man sie nicht mehr verarbeiten kann, in dem Signal auf Signal, Spur auf Spur folgt: der Vorgang, bei dem die Gewalt ihre eigenen Spuren auslöscht.

Früher wurden Zeug:innen, die sich nicht erinnern konnten, in Fällen sexueller oder politischer Gewalt als unzuverlässig abgetan. Heute versucht man hingegen die Erinnerungslücke als eigenständiges Beweismittel zu verstehen.

In der psychotherapeutischen Traumabewältigung gibt es dabei unterschiedliche Ansätze. Exposition und Gewöhnung basieren auf der Wiederholung und dem Reenactment des Traumas; die Betroffenen müssen zu ihm zurückkehren und lernen, damit zu leben. Eine andere Methode fußt auf der Integration des Traumas. Da es sich bei traumatischer Erinnerung um eine dissoziierte Erinnerung handelt, ist diese nicht in Raum und Zeit verankert, sondern bleibt freischwebend und ungebunden. Dieser Ansatz empfiehlt also, dieses Fragment wieder in seine kontextuelle Geschichte einzubetten, also die Welt um das Fragment und Ereignis herum wiederherzustellen. Es geht nicht darum, zum Ereignis zurückzukehren, sondern es im Gewebe des eigenen Lebens zu verankern, so dass es tatsächlich als Erinnerung in der Vergangenheit existieren kann, statt konstant in der Gegenwart präsent zu sein.

Viele Überlegungen zu Traumata und Heilung sind in Diskurse der Restitution und Reparation eingebettet. Die Frage der Restitution – für koloniale Verbrechen, für rassistische Gewalt, für sexualisierte Gewalt – ist relevanter denn je. Traumabewältigung ist das psychische Gegenstück zu der Idee, dass beispielsweise die Rückgabe von Territorien an die Nachkommen der Opfer des Völkermords in Namibia nicht bedeuten kann, einfach das gleiche, ehemals geraubte Gebiet zurückzugegeben, weil dieses Land – im Zuge der Wüstenbildung – längst vertrocknet ist und kein Leben mehr tragen kann.

Wir müssen uns fragen, was Rückkehr bedeutet. Was meint ein »Recht auf Rückkehr«? Ist es eine Rückkehr in die Vergangenheit? Ist Rückkehr ein räumlicher oder ein zeitlicher Begriff? Kann man zum ursprünglichen Zustand einer Situation zurückkehren? So gibt es zum Beispiel innerhalb der palästinensischen Freiheitsbewegung unzählige Diskussionen darüber, was Wiedergutmachung und Rückkehr bedeuten können. In anderen diasporischen Kulturen bezieht sich Restitution vielleicht nicht einmal auf einen spezifischen Prozess der Repatriierung. Es bedeutet einen anderen Prozess, in dem die Vergangenheit tatsächlich anerkannt, aufgearbeitet und gelebt wird. An anderen Orten bedeuten Rückkehr und Restitution eine Wiedergutmachung an der Umwelt; die Rückkehr zu oder die Wiederherstellung von einem bestimmten Verhältnis zwischen Menschen, Kultur, Sprache und Ort.

Ich denke, es ist stets an der betroffenen Gemeinschaft selbst, zu skizzieren und zu definieren, was Wiedergutmachung bedeuten soll.

Ines: Auch architektonische Gestaltung und Baupraktiken sind immer hin- und hergerissen zwischen diesen beiden potenziell gegensätzlichen Bemühungen: zu bewahren und zu erhalten oder zu verändern und das Bestehende für künftige Generationen umzugestalten. Die erhaltene Ruine oder das Foto von früher sind manchmal die einzigen Verbindungen zur Vergangenheit. Sie erinnern uns an die Notwendigkeit, zu ihnen zurückzukehren und uns mit der Geschichte, die sie bewahren und erzählen, auseinanderzusetzen.

Marie: Das führt uns zurück zur Unterscheidung zwischen schleichenden Veränderungen und dem Moment des Bruchs, die du vorhin erwähnt hast, Eyal. Oder vielleicht zum Verhältnis zwischen der Geschichte als Abfolge von Katastrophen und dem einzelnen Ereignis.

In der Betrachtung von Vorher-Nachher-Bildern erscheint Gewalt häufig als plötzlicher Moment der Veränderung. Das Ereignis ist ein Schnitt im Gewebe. Wie geht das zusammen mit der Erkenntnis, dass jedes Vorher stets nur ein Glied in einer ganzen

Kette von Vorher-Bildern, immer das Nachher einer anderen, oft gewalttätigen Vergangenheit ist?

Eyal: Zunächst einmal müssen wir uns immer wieder fragen, wie wir Gewalt definieren und wie Gewalt tatsächlich beurteilt und politisiert wird. Was ist Gewalt? Eine einzelne Handlung oder ein einzelner Ausbruch von Gewalt, der in der Tat durch ein Vorher und ein Nachher abgegrenzt ist und eine anormale Situation schafft. Gewalt ist dann eine Unterbrechung der Normalität, die sich gegen die gewohnte Ordnung der Dinge richtet, gegen deren naturalisierten oder normalisierten Zustand. Aber natürlich müssen wir das kritisch hinterfragen. Was bedeutet normal? Dies kann ein Zustand ständiger Unterdrückung sein, ein Zustand massiver Ungleichheit und andauernden Rassismus, den wir niemals als regulären Maßstab für die Beurteilung eines Verstoßes akzeptieren sollten.

Gibt es Gewalttaten, die weder in der materiellen Archäologie der Stadt, der Medien oder der Fotografie registriert werden?

Bleiben wir beim Beispiel von strukturellem Rassismus und betrachten wir jene systemischen Formen von Gewalt, die vielmehr als Norm, denn als Bruch existieren. Was wir sehen, sind zwei Fotos eines verbrecherischen Zustands. Einerseits das Foto einer Stadt, in der – wie leider in jeder Stadt – Ausprägungen struktureller rassistischer Gewalt in Form von wirtschaftlicher Gewalt, Ungleichheit und vielem mehr als prägende Kräfte wirken. Allein durch die Betrachtung der Stadt können wir so viel aus dem herauslesen, was in der Umwelt passiert. Andererseits die Darstellung eines plötzlichen Ausbruchs von Gewalt. Es ist in der Tat extrem problematisch, Formen von spektakulärer, expliziter oder eruptiver Gewalt den Vorrang zu geben – denn diese tendieren dazu, anhaltende und stetige Formen von Gewalt zu normalisieren.

Ich denke, wenn wir am Paradigma der Vorher-Nachher-Bilder festhalten wollen, müssen wir uns folgender Problematik stellen: Das Vorher als Norm ist kein neutraler Maßstab. Es ist nicht die Regel, gegen die das Abnormale artikuliert und kritisiert werden kann.

Ines: In meiner aktuellen Forschung bin ich mit einer ähnlichen Situation konfrontiert. Ich untersuche gerade koloniale Architekturen der 1930er und 40er Jahre, aber auch Schauplätze militärischer Auseinandersetzungen und Konflikte während des Zweiten Weltkriegs in Nordafrika und dem Nahen Osten. Das hängt erneut mit meinen Recherchen zu Joséphine Baker zusammen, die ich schon im Zusammenhang mit dem Casino von Haifa erwähnt habe. Baker hatte sich für die Streitkräfte für ein freies Frankreich (FFL) gemeldet und arbeitete für diese als Spionin. Das alles nicht nur als alleinreisende, sondern auch als schwarze und, in Folge ihrer Konversion, als jüdische Frau. Wenn wir uns vorstellen, was es hieß, diese Region in Zeiten von Kriegen, rassifizierter und kolonialisierter Gewalt zu besuchen, dann wird jedes Bild und jede Szene, die ich in den Archiven und Aufnahmen finde, zu einem Schlüssel, um die Unsicherheit und Gefahr ihrer Aktivitäten zu verstehen.

Ich arbeite dafür mit Bildarchiven und häufig mit Bildern, die von den Streitkräften, den Kolonial- oder Besatzungstruppen, den Briten, Franzosen, Niederländern, aber auch den Deutschen aufgenommen wurden. Wie im Fall von Eyal in Namibia sind es oft die Kolonisten, die über die Kameras und die Ausrüstung verfügen und deren Filmmaterial und fotografische Arbeiten aus ganz eigenen Gründen erhalten geblieben sind. Ein Bild ist für mich nie Illustration; vielmehr zoome ich tief in seine Szenerie und Hintergründe hinein und versuche, so den Ort und die Zeit herauszulesen, in denen es aufgenommen wurde. Ich befrage, wie sie mit den Siegen oder Niederlagen zusammenhängen, die in militärischen oder anderen Archiven und Erzählungen, wie schriftlichen Aufzeichnungen, Zeitungsartikeln oder Filmmaterialien, registriert sind. Im Rahmen dieser Recherche weckte das Foto einer Straßenszene mein Interesse und führte zu einem Akt digitaler Restauration. Die Aufnahme von Willem van de Poll aus dem Jahr 1935 zeigt fünf Personen, die eines der Tore zum Souk der Kasbah in Tanger passieren. Sie scheinen vom Markt zurückzukehren.

Abb. 43: Willem van de Poll, Straßenszene in der Medina, dem traditionellen arabischen Viertel in Tanger, Marokko, 1935. Eine europäische Frau, die das Bild auf der rechten Seite betritt, ist zum Beschneiden markiert. Abb. 44: Ines Weizman, *Eine Frau in Tanger (1935)*, 2023. Handbearbeitete Archivfotografie.

Weiter rechts im Bild ist eine europäische Frau – die einzige Person, die in die entgegengesetzte Richtung geht. Sie scheinen nicht miteinander verbunden zu sein, jede in ihrer eigenen Welt. Die händischen Markierungen auf den Kontaktbögen im Archiv des Fotografen zeigen, dass er die Figur der Europäerin aus dem Bild herausschneiden wollte. Ihre Anwesenheit im Bild mag die orientalistische Szene gestört haben, die van de Poll einfangen wollte. Der Beschnitt des Bildes ist kein Akt der Dekolonialisierung, sondern verstärkt vielmehr die koloniale Vorstellung. Das Entfernen der europäischen Frau soll den Eindruck erwecken, als seien die Figuren ursprünglich und historisch, aus der Zeit gefallen, obwohl der Strudel der kolonialen Moderne all diese Figuren, Kolonialisten wie Kolonisierte, gleichermaßen erfasst hatte. Die Wiederherstellung ihrer Figur und die Entfernung der über sie gekritzelten Schnittspuren war ein vorsichtiger Akt der Restauration, eine digitale Rückkehr zu dem Zustand »vor« der Manipulation des Fotografen. Mit diesem Akt wollte ich auch die Frage des Eigentums am Bild in Frage stellen.

Deshalb suche ich bei meinen Recherchen in Archiven auch nach bekannten Wahrzeichen, Straßennamen und Daten. Diese Bilder zeichnen den europäischen Blick nach, ähnlich wie die ostdeutschen Vorher-Nachher-Fotos. Manchmal haben die Fotograf:innen den Blick ihres Sujets über eine koloniale Kluft hinweg eingefangen. Ich habe oft das Gefühl, dass moderne Architektur auf die gleiche Weise zurückblicken kann. Betrachten wir archäologische Stätten, so ist es oft schwierig, sich über den Zustand und den Ursprung ihres Verfalls klarzuwerden. Sind die Schäden an einem Tempel in Karthago Folge einer Militäraktion des Zweiten Weltkriegs oder schon viel früher entstanden? Wenn ich Kriegsfotografien von Einschusslöchern und zerstörte Gebäudeteile antiker Stätten betrachte, muss ich häufig an

Fentons Bilder aus dem Krimkrieg denken, in denen das Vorher und das Nachher durcheinander geraten sind oder zumindest nicht länger zweifelsfrei einem historischen Zeitpunkt zugeordnet werden können.

Marie: Wenn wir über aktuelle Paradigmen von Imagination und Technologien des Blicks nachdenken: Ist es möglich, das Vorher-Nachher-Schema auf die heutige visuelle oder digitale Landschaft zu übertragen und es mit Formen maschinellen Sehens und synthetischen Bildern in Verbindung zu bringen? Gibt es heute eine andere Art von Vorher-Nachher-Bildern: Das Vorher oder der Maßstab bestehend aus den unzähligen Bildern der Welt, die in Datensätze verwandelt werden und die Nachher-Bilder schaffen, die auf der Grundlage dieser Informationen entstehen und von ihrem visuellen »Grund« oder Ursprung bestimmt und heimgesucht werden?

Eyal: Wenn wir über maschinelles Sehen und Lernen nachdenken, befragen wir auch die Beziehung zwischen vorhandenen Datensätzen und Potenzialitäten. Es geht um die Möglichkeit, zukünftige Wahrscheinlichkeiten auf der Grundlage vorhandener Muster, wie visuellen Gewohnheiten, Verhaltensmuster, Bewegungsmuster, Investitionsmuster und vielem mehr, vorherzusagen.

Will man automatisiertes Sehen beispielsweise bei der Suche nach einer bestimmten Art von verbotener Munition einsetzen – wie wir es beispielsweise bei Forensic Architecture getan haben –, dann muss man einen Algorithmus zur Identifizierung dieser Form trainieren, einen *Machine Vision Classifier.* Damit der Algorithmus eine bestimmte Form als *diese* Form erkennt, muss das Objekt dem *Classifier* mehrere tausend Mal gezeigt werden, vielleicht sogar öfter. Das ist, als wolle man Kindern beibringen, Gegenstände zu identifizieren, indem man den gemeinsamen Nenner zwischen all den verschiedenen Perspektiven und Zuständen, die ein Gegenstand haben kann – schmutzig oder bunt oder was auch immer – aufzeigt. In einem bestimmten Moment wird das Kind erkennen, dass all diese Dinge beispielsweise Telefone sind. Und dann ist es in der Lage, ein neues oder anderes Telefon zu betrachten und es als solches zu erkennen.

Dies ist eine sehr vereinfachte Art zu erklären, wie ein Klassifikator aktiviert werden kann, um etwas online zu identifizieren. Aber was ist, wenn wir sagen: »Das ist ein wütendes Gesicht«? – denken wir an Trevor Paglens brillante Arbeit über derartige Bilder – und dann lassen wir jemanden online nach wütenden Gesichtern suchen. Um diese Klassifikation zu fixieren, braucht es unzählige Vorgänge; also ist es ökonomischer, die Arbeit an einen Ort auszulagern, an dem Arbeitskräfte sehr billig sind, wenn man viele Menschen braucht, die wütende Gesichter online kategorisieren.

Was aber, wenn eine Kultur eine andere Vorstellung von einem wütenden Gesicht hat? Und was ist, wenn Rassifizierung dazu führt, dass wir Menschen als unfreundlicher wahrnehmen als sie vielleicht sind? Das ist der Punkt, an dem all die Angst, die Vorurteile und die ganze Voreingenommenheit einer Gesellschaft in das Vorher hineinprojiziert und reproduziert werden. Frei nach dem Motto: Müll rein, Müll raus.

Dies ist eine sehr interessante Art, das Problem der Vorher-Nachher-Bilder weiterzudenken. Denn wir sprechen nicht mehr von zwei Bildern. Wir sprechen von Millionen. Und wieder betrachten wir das Problem der Interpretation als einen Blick über den Bildrahmen hinaus.

Marie: Ines erwähnte in Bezug auf Marville ein Wissen oder einen Blick, der Ereignisse vorwegnimmt oder ausagiert, bevor sie stattgefunden haben. Also die Erwartung, aber auch die Konstruktion einer Zukunft. In gewisser Weise ist das Ereignis zwischen den Vorher-Nachher-Bildern immer auch ein leerer Raum, in dem eine neue Zukunft ihren Lauf nimmt. Können wir den Raum zwischen dem Vorher und dem Nachher, in dem sich diese Zukunft entscheidet, auch als Unterbrechung, als Pause oder Spekulation nutzen?

Kann das Vorher einen Raum schaffen, an dem all diese Ideen und Präkonstruktionen, die der Struktur der Vergangenheit innewohnen, befragt und als Werkzeuge der Antizipation genutzt werden können? Könnten wir so versuchen, von der Vergangenheit ausgehend, basierend auf deren Informationen in der Lücke, in der sich diese Zukunft entscheidet, Dinge vorherzusehen – ähnlich wie in militärischen Simulationen oder Trainings? Beispielsweise, weil ein Ereignis bevorsteht und die Menschen darauf auf die eine oder andere Weise reagieren müssen.

Eyal: Ich denke, es wäre ein wunderbares Gedankenexperiment, über Simulation zu spekulieren und die Art und Weise, wie man seine Parameter festlegt, kreativ zu untersuchen. Es ist gewissermaßen ein Übungsplatz, auf dem man versucht, ein Objekt zu verstehen, indem man bestimmt, wie dicht es ist, wie groß es ist oder welche Art von kultureller Imagination darauf projiziert wird. Wir müssen uns fragen, inwiefern Training ein Akt der Antizipation ist, und was es bedeutet, Antizipation in Instinkt zu verwandeln. Denn ich denke, das ist der Grundgedanke militärischen ebenso wie jeden Trainings.

Du gehst durch eine enge Straße; du hast in der Ausbildung gelernt, dass Scharfschützen in den oberen Stockwerken stationiert sind. Das wird zu einem Instinkt. Geht man dann in eine echte Stadt mit lebenden Menschen, fordert man Luftunterstützung an und zerstört die oberen Stockwerke lange bevor überhaupt irgendetwas passiert ist. Auf diese Weise wurden die Parameter so gesetzt, dass sie unser Verhalten bestimmen oder es zumindest in eine bestimmte Richtung treiben. Wir müssten uns die gesamte Voreingenommenheit der Ausbildung ansehen: Alle kulturellen, politischen und rassistischen Vorurteile, die darin enthalten sind, würden sich dann tatsächlich in den Vorher-Nachher-Bildern materialisieren. So gewinnen wir vielleicht durch die Art und Weise, wie das Vorher kommuniziert wird, auch einen Einblick in das, was im Anschluss daran möglich sein könnte.

Abbildungsnachweise

1&2 Kurt Schaarschuch, *Bilddokument Dresden: 1933–1945,* Dresden, 1946. — **3&4** American Association for the Advancement of Science (AAAS), *Geospatial Technologies and Human Rights: Ethiopian Occupation of the Border Region of Eritrea*, 2002. © 2013 Quickbird – Digital Globe. — **5&6** AAAS, *Damage to a settlement at the outskirts of Shangil Tobay/Shadad region* ©2013 Quickbird/ Digital Globe. — **7&8** Eugène Thibault, »Die Barrikade in der Rue Saint-Maur-Popincourt vor und nach der Stürmung durch die Einheiten von General Lamoricière«, 25 Juni 1848, Quelle: Musée d'Orsay/Réunion des musées nationaux. — **9&10** Roger Fenton *The Valley of the Shadow of Death,* 1855. Digitale Bilder mit freundlicher Genehmigung des Getty Open-Content-Programms. — **11&12** Vermutlich durch unbekannte Mitarbeiter des U.S. Militärs oder Verteidigungsministeriums im Rahmen ihrer offiziellen Pflichten aufgenommen oder angefertigt. Als Werk der US-Bundesregierung ist das Bild gemeinfrei. — **13&14** Google Earth, April 2009 und Oktober 2011. — **15&16** Forensic Architecture 2013 — **17&18** Forensic Architecture 2013 — **19&20** Forensic Architecture 2013 — **21&22** US Geological Survey, 3 Januar 1973, Landsat 1 (path/row 135/52), Phnom Penh, Kambodscha und 14 Dezember 1985, Landsat 5 (path/row 126/52), Phnom Penh, Kambodscha, beide Bilder © USGS 2013. — **23&24** US Geological Survey, 25. Februar 1995, Landsat 5 (path/row 126/52), Phnom Penh, Kambodscha und 14. Januar 2009, Landsat 5 (path/row 126/52), Phnom Penh, Kambodscha, beide Bilder ©USGS 2013. — **25&26** Russell Schimmer, »Tracking the Genocide in Darfur: Population Displacement as Recorded by Remote Sensing« in *Genocide Studies Working Paper No. 36,* Yale Universität 2008. — **27&28** Max Seydewitz, *Die unbesiegbare Stadt. Zerstörung und Neuaufbau von Dresden*, Berlin, 1982. — **29&30** Kurt Schaarschuch, 1945 und Stefanie Elsel, 2013. — **31&32** Wikipedia Commons — **33&34** Library of Congress. — **35-36** Maxar Technologies — **37** Mariupol City Council — **38** Halperin Foto/Dan Hadani Collection, The Pritzker Family National Photography Collection, The National Library of Israel. — **39** Buildings & Sites Conservation Department, City Planning Office Haifa Municipality. — **40** Wikipedia Commons. — **41** Koloniales Bildarchiv, Universitätsbibliothek Frankfurt/Main und Forensic Architecture/Forensis 2022. — **42** Royal Geographic Society, National Archives of Namibia, Google Satellite Images und Forensic Architecture/Forensis, 2022 — **43** Niederländisches Nationalarchiv (252-1878). — **44** Ines Weizman, *Eine Frau in Tanger (1935)*, 2023. Handbearbeitete Archivfotografie.